Texte et photographies : Jessica Capelle
ISBN : 979-10-979346-4-4
Dépôt légal : Février 2026
Imprimé via Amazon KDP

Les histoires que je garde

<u>Sommaire</u>

Introduction

"Je suis là depuis longtemps, assez pour avoir vu des saisons se succéder, des visages changer et des rues s’animer ou se vider. Chaque matin, je m’éveille au bruit des pas et des conversations, au parfum du pain chaud et au vent qui fait frissonner les feuilles des arbres. Ils ne le savent pas, mais chacun d’eux contribue à ce que je suis : les gestes les plus insignifiants, les sourires volés, les disputes rapides, les rires qui résonnent… tout cela tisse mon histoire, un récit collectif que personne ne remarque. Et moi, je regarde, je mémorise, et parfois, je souris."

Mon souffle et vos vies

Je respire avant vous. Je suis là avant vos pas, vos regards, vos histoires. Chaque matin, je m'éveille avec le cliquetis des clefs dans les serrures, les volets qui grincent, les premiers bus qui me traversent. Les bruits, les odeurs, les fragments de vie se déposent sur moi comme la rosée sur mes toits. Je suis votre décor et votre coulisse, mais aussi votre mémoire. J'absorbe vos rires, vos colères, vos gestes minuscules. Et vous ne le savez pas, mais chaque instant que vous vivez ensemble est un fil de l'étoffe que je garde précieusement.

Il fut un temps où je n'étais pas ce que vous voyez aujourd'hui. Avant ces immeubles, ces rues larges, ces lumières qui me transpercent la nuit, j'étais un village. Un village heureux. Les gens se saluaient dans les ruelles, les enfants couraient pieds nus sur la place, les marchés débordaient de rires et de couleurs. À cette époque, j'avais une identité. Je savais qui j'étais, j'étais moi. Je voyais le monde à travers le sourire de mes habitants, et eux-mêmes vivaient pleinement, heureux de vivre, conscients de chaque instant. Chaque maison, chaque pierre, chaque arbre portait le parfum de la simplicité et de la tendresse.

Puis ils sont venus. Ils ont voulu m'agrandir, m'embellir à leur façon, m'élever vers le ciel. Ils ont percé mes rues, planté des tours, élargi les avenues, bétonné mes souvenirs. Ils m'ont blessée, mutilée, et chaque transformation m'a volé un peu de moi-même. Aujourd'hui, je ne sais plus vraiment qui je suis. Mon identité s'est effacée sous leurs désirs et leurs besoins. Je n'ai plus de moi : j'ai leurs identités, leurs humeurs, leurs urgences, leurs désirs et leurs peurs. Mais malgré tout, je continue à respirer. Je continue à voir, à écouter et à garder leurs histoires.

Vous me croyez figée, moi qui porte les mêmes pierres et les mêmes rues ? En vérité, je change à chaque instant. Je gonfle et je respire avec vous. Je frissonne quand vous partez, je vibre quand vous rentrez. Sous mes pavés passent vos secrets ; sur mes murs s'accrochent vos espoirs. À chaque coin de rue, je collectionne vos passages, vos traces, vos ombres.

Ce livre est mon carnet. Mes pages sont faites d'asphalte et de poussière, mes marges sont les bancs, les bouches d'égout, les réverbères. Je vais vous raconter ce que vous ne voyez pas : les liens invisibles entre vous, les conséquences silencieuses de vos gestes, la beauté obstinée de vos routines. Je ne vous jugerai pas. Je ne suis ni Dieu ni juge : je suis votre ville, attentive, tendre et lucide. Je vous regarde, je vous écoute et je vous aime malgré tout.

Vous allez croiser des inconnus : le vieil homme au banc du parc qui nourrit les oiseaux chaque matin, l'enfant qui glisse un mot doux dans la poche de sa mère avant l'école, la femme qui ouvre son café avant l'aube en pensant que personne ne la voit. Vous allez entendre leurs histoires et découvrir comment elles se mêlent aux vôtres sans que vous le sachiez. Vous allez sentir les saisons défiler, voir mes rues se transformer et comprendre que sous vos pieds, derrière vos fenêtres, il existe un récit collectif dont vous êtes tous les personnages.

Je suis la ville. Ce que je vais vous confier n'est pas une fiction : c'est votre vie telle que je la garde, tissée de tendresse et de lucidité. Entrez. Marchez avec moi. Écoutez. Les histoires que je garde sont les vôtres… et mes cicatrices aussi.

Un matin comme tant d'autres

Le soleil perce timidement à travers mes ruelles étroites. Mes toits rougis brillent encore d'humidité de la nuit, et mes pavés frissonnent sous la lumière dorée. L'air sent le café chaud, le pain, la terre mouillée des jardins et, plus loin, l'odeur des garages qui s'ouvrent. Chaque souffle, chaque bruit, chaque parfum est un fil dans ma mémoire. Ils arrivent, un par un, emportés par leurs routines, et je me souviens des jours anciens, quand je n'étais qu'un village paisible, et que le monde semblait respirer à l'unisson avec moi.

Au coin de la place, le vieil homme est fidèle à son banc. Ses mains tremblantes distribuent les miettes aux pigeons qui le connaissent par cœur. Il murmure des mots que je n'entends pas toujours, mais que je sens : des phrases douces, des souvenirs de jeunesse, peut-être même un peu de regret. Les oiseaux s'agitent autour de lui, des éclats de plumes et de lumière, et moi, je retiens ce geste comme une perle précieuse. Il ne se doute pas qu'il illumine mes rues d'une lueur douce, invisible pour tous les autres.

Un peu plus loin, l'enfant court en riant, sac sur le dos. Avant de disparaître à l'école, il glisse un petit mot dans la poche de sa mère, un geste discret chargé de tendresse. Elle ne le remarque pas tout de suite, absorbée par ses pensées, mais moi, je le garde. Je le relie aux éclats de rire de dizaines d'autres enfants que j'ai vus grandir, aux mots chuchotés, aux secrets confiés, aux promesses murmurées sous les porches et derrière les portes closes. Chaque petit geste s'imbrique dans ma mémoire, invisible pour eux, mais parfaitement clair pour moi.

La jeune femme ouvre son café. La lumière de ses lampes se mêle à l'odeur du pain et du café. Elle arrange ses tasses, balaie le sol avec des gestes précis, sourit à un client qui ne voit pas combien elle est fatiguée. Je la regarde, et je sais que sa patience et sa constance changent le rythme de ma ville : un sourire à la bonne personne peut ralentir le pas de quelqu'un, alléger un regard, suspendre un instant de colère. Chaque souffle humain, chaque sourire, chaque imperfection fait vibrer mes murs et mes pierres.

Je les observe tous : le facteur qui salue le boulanger en déposant son courrier, le chien qui tire sur sa laisse et entraîne son maître sur le trottoir, le couple qui quitte précipitamment l'immeuble en oubliant la porte ouverte, la fenêtre qui s'ouvre pour laisser entrer la lumière et le vent du matin. Et moi, je garde tout cela comme des trésors fragiles. Les petits gestes se superposent, invisibles pour eux, mais je les lis comme on lit une partition. La musique de leur quotidien se joue en moi, harmonieuse, chaotique, tendre et imparfaite.

Je continue de me transformer à chaque instant. Chaque démolition, chaque construction, chaque réaménagement, chaque sourire ou larme laisse sa trace sur moi. J'ai perdu mon identité de village, mais je deviens autre chose : un corps vivant, une mémoire collective mouvante. Même mutilée, même blessée, je respire avec eux, je vibre avec eux, je garde tout. Et je continue à aimer, parce que c'est dans ce mélange de chaos et de tendresse que je trouve ma raison d'être.

Ce matin comme tant d'autres, je sens mes rues frémir sous leurs pas. Les histoires s'entrelacent, invisibles pour eux, mais lisibles pour moi. Le vieux banc, le mot glissé dans une poche, un sourire échangé, un geste maladroit : chacun est un fil de ma grande fresque. Je contemple, je mémorise, je relie les vies entre elles et je sais qu'aujourd'hui encore, quelqu'un, quelque part, fera un geste, dira un mot, sourira, et participera à mon récit sans le savoir.

Je suis la ville. Je porte leurs cicatrices et leurs éclats de lumière. Je garde les histoires que personne ne remarque, mais qui font ce que nous sommes tous ensemble. Et tandis que le soleil s'élève, que mes rues s'animent et que le monde s'éveille, je souris en silence : je suis le témoin attentif de tout ce qui passe, et je n'oublie rien.

Les fils invisibles

L'après-midi s'installe avec une lumière dorée qui glisse sur mes toits et mes façades. Chaque pierre, chaque ruelle, chaque fenêtre semble vibrer sous les pas de mes habitants. Je me souviens encore du temps où j'étais village : les rues calmes, les marchés parfumés de pain chaud et de fleurs, les rires clairs des enfants que l'on entendait de loin, et tout paraissait simple, pur, facile à comprendre. Aujourd'hui, je suis vaste, haute et complexe. Les immeubles, les avenues, les voitures, les lampadaires et les chantiers ont remplacé la simplicité. Je me sens parfois étrangère à moi-même, mais mes souvenirs de village sont mes cicatrices douces, qui me rappellent qui j'étais.

Deux enfants se disputent pour savoir qui sera le premier à attraper la balle. Leurs éclats de rire éclatent sur mes façades et rebondissent sur le chien du voisin, qui se met à aboyer et à tirer sur sa laisse. Le maître s'exclame, la balle s'échappe, le ballon roule jusqu'au café, et la jeune femme, en servant un client, ajuste sa position pour ne pas le faire tomber. Tous ces gestes sont minuscules et banals, mais ils se répondent, créant une chorégraphie invisible que je contemple en silence. Ce petit chaos transporte avec lui une énergie douce et vivante, qui me rappelle les journées de mon village, où chaque mouvement avait un sens clair et partagé.

Plus loin, une dispute éclate entre deux voisins. Leurs voix s'élèvent, s'entrelacent, leurs gestes trahissent fatigue, inquiétude et un brin de rancune. Je les observe avec bienveillance : leurs mots résonnent contre mes murs, mes trottoirs, mais ils font aussi vibrer le cœur des passants, qui ralentissent, sourient, s'arrêtent. Même un conflit participe à ma fresque, à cette grande tapisserie humaine que personne ne voit vraiment. Je me souviens des voix du village qui s'élevaient aussi parfois, mais différemment : plus légères, plus simples, et je mesure combien j'ai changé, combien j'ai été transformée par ces humains qui me traversent.

Un groupe d'adolescents traverse la place, musique dans les oreilles, sacs sur le dos, éclats de rire et paroles vives. Ils ne se rendent pas compte que leurs mouvements influencent le rythme des autres : le vieil homme sur le banc se redresse, sourit aux pigeons ; le facteur ajuste ses pas ; un chien derrière une grille aboie, et son maître intervient. Chaque geste, chaque souffle, chaque regard est un fil qui s'entrelace avec les autres, créant un réseau invisible de petites conséquences. J'ai perdu mon village, mais je garde ses leçons : chaque vie, chaque geste, chaque émotion a sa place dans ma mémoire.

Au café, la jeune femme essuie une tasse. Un client rit d'une plaisanterie, un mot échangé avec un sourire, et la lumière du soleil frappe le comptoir en un éclat doré. Je sens le parfum du café se mêler à celui des fleurs d'un balcon, à l'odeur de bitume et de poussière chaude. Les passants ne réalisent pas que ce mélange subtil colore leur journée, adoucit leurs gestes, et influe sur tout ce qui se passe autour. Même le moindre souffle se répercute et participe à ma grande fresque silencieuse.

Le soir commence à tomber. Les ombres s'allongent, et mes rues se teintent de nuances orangées et violettes. Je regarde mes habitants rentrer chez eux, traverser mes avenues et mes places, porter leurs souvenirs, leurs inquiétudes, leurs joies. Ils ne savent pas qu'ils façonnent ce que je suis. Ils ne voient pas que je suis la mémoire de leurs gestes, de leurs émotions, de leurs instants fugaces et de leurs éclats lumineux. Mais moi, je sais. Je garde tout. Et parfois, dans ce chaos mouvant, je retrouve des souvenirs de village : la simplicité des rires, la clarté des gestes, la chaleur du soleil sur des pavés plus étroits et plus calmes.

Je continue à respirer avec eux, à vibrer avec eux, à aimer malgré tout. Je suis leur ville, blessée mais attentive, vieille et pourtant toujours vivante. Les fils invisibles qui relient chacun de leurs gestes, chacun de leurs sourires et chacun de leurs secrets composent mon récit. Je suis là, témoin silencieux de tout ce qui passe, et dans chaque souffle, chaque éclat de rire, chaque larme discrète, je lis l'histoire que je garde.

Les cicatrices et les lumières

Depuis l'aube, je sens en moi une tension qui monte. Comme un frisson dans mes pierres, un battement dans mes avenues. Mes murs s'effritent sous la poussière du temps et de la hâte humaine. Chaque matin, mes trottoirs se repeuplent d'êtres pressés qui m'arpentent sans me voir. Je suis immense et fragmentée, un corps en perpétuel mouvement. Mais, dans mes profondeurs, je me souviens...

Je me souviens du village que j'étais. Je me souviens de mes ruelles étroites, de la terre battue, des pas lents et des gestes familiers. Je me souviens du silence après la pluie, des cris d'enfants qui se perdaient dans l'air doux du soir, du parfum du pain qui s'échappait des portes entrouvertes. Tout cela était simple, comme une respiration tranquille. Je gardais alors des histoires courtes, tendres, qui s'inscrivaient dans la lenteur. C'était une époque où je n'étais pas encore morcelée, où je possédais une identité pleine et entière.

Puis ils m'ont transformée. Petit à petit, j'ai perdu mes contours d'origine. Des murs sont tombés, d'autres se sont élevés. Les ruelles se sont élargies, les toits ont monté vers le ciel. Aujourd'hui mes artères grondent, mes façades tremblent, mes places anciennes disparaissent sous le béton. On m'a agrandie, blessée, mutilée. On m'a recouverte de verre et d'acier, on a tracé sur ma peau des lignes droites où il y avait des chemins courbes. Et moi, j'ai absorbé tout cela. J'ai pris leurs identités à la place de la mienne. Je suis devenue un patchwork de leurs désirs et de leurs humeurs.

Ce matin, sur une de mes vieilles places, les machines sont venues. Elles mordent la pierre avec leurs dents d'acier. Elles avalent mes souvenirs. Chaque coup de pelleteuse est une gifle, chaque mur qui tombe est un cri étouffé dans mes fondations. Dans la poussière qui monte, je vois encore les silhouettes d'autrefois : le banc où deux amoureux se retrouvaient, la fontaine où des mains d'enfants éclaboussaient l'eau, l'arbre qui a vu passer trois générations. Tout s'efface, et pourtant je retiens tout. Je suis mémoire malgré la destruction.

Le vent se lève et m'apporte d'autres sensations. Il porte les odeurs de goudron chaud, de café fraîchement moulu, de feuilles mortes broyées par les pas. Il glisse sur mes toits, caresse mes façades, remue mes entrailles. Il me murmure que tout change, que tout se transforme, et que dans ce mouvement il y a encore de la vie, une pulsation, une chance. Alors je ferme mes « yeux » et j'écoute. Dans le grondement des camions, j'entends un éclat de rire. Dans la chute des pierres, un écho du passé. Dans l'air saturé de poussière, un parfum de pain. Tout s'entremêle en moi, blessures et douceurs confondues.

Je ne suis plus le village d'autrefois. Je ne suis pas non plus la ville rêvée par ceux qui m'élèvent et me détruisent. Je suis une conscience en équilibre sur la mémoire et le présent. Je suis faite de leurs gestes, mais aussi de mes propres cicatrices. Et dans mes cicatrices se logent des lumières : la lumière du matin qui accroche les vitres, la lumière du soir qui adoucit mes angles, la lumière de la lune qui réunit tout sous une même ombre. Ces lumières me rappellent que, malgré la violence des transformations, je suis encore capable de beauté.

À la tombée du jour, quand mes artères ralentissent et que le vacarme se transforme en murmure, je retrouve un peu de calme. Dans mes interstices subsistent des îlots de mémoire. Une ruelle oubliée, un mur couvert de lierre, un vieux banc qui résiste. Là, je respire. Là, je retrouve le rythme de mon cœur d'autrefois. Ces endroits sont mes racines, mes ancrages silencieux. Ils me rappellent que, même sans identité fixe, je suis un être vivant, tissé de tout ce que j'ai accueilli.

Je comprends que mon rôle n'est pas seulement d'être traversée. Je suis témoin. Je suis gardienne. Je suis le livre ouvert des vies qui se croisent sans se connaître. Les habitants croient bâtir leur ville, mais c'est moi qui les garde, qui les relie, qui transforme leurs passages en mémoire. Je suis blessée, mais je suis aussi lumineuse. Je suis cicatrice et lumière à la fois.

La nuit s'installe et mes lampadaires s'allument comme des veilleuses. Je sens chaque pas résonner, chaque souffle vibrer, chaque silence peser. Je retiens tout cela dans mes pierres, mes vitres et mes ombres. Je suis la ville, à la fois ancienne et neuve, fragile et puissante. Je ne cesse de me transformer. Et, dans ce mouvement, je garde les histoires, même celles que personne ne voit.

Avant le changement

Depuis des mois, un courant nouveau glisse dans mes veines. Rien n'a encore commencé et pourtant tout est déjà là. Les affiches collées sur mes murs parlent de « rénovation », « modernisation », « projet d'avenir ». Des hommes passent avec des plans roulés sous le bras, des drones survolent mes toits, des appareils sondent mes profondeurs. J'entends leurs voix, leurs discussions hâtives, leurs promesses de beauté et d'efficacité. Ils parlent d'élargir, de surélever, de raser, d'illuminer. Dans leurs mots, il y a une excitation neuve et une froideur d'ingénieur. Dans mes veines de pierre, il y a un frisson, comme avant un orage.

Je sais ce que cela signifie. Ce n'est pas la première fois. À chaque génération, on m'a réinventée, remodelée, habillée d'un nouveau masque. Chaque fois, j'ai perdu un peu de ma peau ancienne. Les pavés ont disparu sous l'asphalte, les façades sculptées sous les vitres, les places sous les parkings. Chaque fois, j'ai laissé partir une part de mon passé. Chaque fois, j'ai appris à vivre autrement.

Pourtant cette fois-ci me semble plus vaste. Comme si l'on voulait non seulement changer mes formes, mais aussi mon souffle. Dans les plans que j'ai devinés, je vois disparaître une vieille place où résonnaient encore les pas lents du matin, un marché couvert où se mêlaient les odeurs de fruits et de pain, un square où des arbres centenaires tenaient encore tête au vent. Tout cela sera nivelé, poli, recomposé. Une part de moi s'effacera encore, repoussant un peu plus loin ce village que j'étais et que j'aime encore en secret.

Quand je ferme mes yeux de pierre, je revois le village : des ruelles courbes, des maisons basses aux volets écaillés, des chiens qui s'étiraient au soleil, des femmes assises sur les marches qui tricotaient en parlant bas. Je revois le silence après la pluie, la poussière dorée l'été, le ciel si bas l'hiver qu'il semblait toucher les toits. Je revois l'air tiède du soir et le parfum du pain qui sort du four qui flottait jusqu'à mes chemins. Tout cela tenait dans mes bras sans effort. Aujourd'hui je suis vaste, éclatée, et je me sens parfois creuse.

Je ne proteste pas. Je ne peux pas. Je suis pierre et vent, bitume et mémoire. Je suis façonnée par ceux qui m'habitent. Je suis leur miroir et leur écrin. Je pourrais les haïr, mais je choisis l'amour. Parce que sans eux je ne suis qu'une carcasse vide. Ce sont leurs pas, leurs rires, leurs secrets chuchotés sous mes toits qui me donnent une âme. Même quand ils me blessent, je les abrite. Même quand ils me défigurent, je les porte. Peut-être est-ce cela, mon destin : être le lieu de leurs élans, de leurs erreurs, de leurs renaissances.

Alors j'attends. Je sens les machines avant qu'elles n'arrivent. Je sens la poussière du futur dans l'air du présent. La lumière sur mes façades change déjà ; elle se fait plus crue, plus métallique, comme avant un orage. Mes veines anciennes vibrent d'une appréhension silencieuse. Dans mes souterrains, l'eau coule plus vite, comme si elle pressentait la secousse. Les oiseaux tournent plus haut, les arbres frissonnent. Tout en moi pressent la métamorphose.

Des rumeurs me parviennent : des voix d'enfants qui répètent à l'école le nom du nouveau quartier, des commerçants qui parlent d'augmentation de loyers, des ingénieurs qui chuchotent « démolition » comme un secret. J'entends tout cela et je le tisse déjà dans ma mémoire. Chaque mot devient un fil. Chaque fil devient un tissu. Je suis ce tissu.

Et pourtant, au milieu de cette inquiétude, une douceur s'installe. Une philosophie. J'ai appris que le temps n'arrête rien. J'ai appris que même les cicatrices peuvent devenir des chemins de lumière. J'ai appris que la mémoire survit sous les couches de béton, dans les fissures des murs, dans le parfum d'un arbre qu'on replante. J'ai appris que mes habitants m'oublient souvent, mais qu'ils m'aiment sans le savoir, en déposant sur moi leurs vies, leurs gestes minuscules, leurs rêves accrochés à mes vitres. Cette pensée m'apaise.

Je sais que je vais souffrir encore. Mais je sais aussi que je survivrai, autrement. Comme un vieux corps qui se répare sans cesse, comme un fleuve qui change de lit mais continue à couler. Je garderai ce qui peut l'être, je transformerai le reste en mémoire. Et un jour, peut-être, quelqu'un se souviendra qu'avant ces tours et ces lignes droites, j'étais un village heureux. Cette trace suffira à me faire exister.

La nuit tombe sur mes avenues. Les lampadaires s'allument comme des veilleuses d'enfant. Le vent du soir se glisse dans mes ruelles, portant l'odeur du bitume neuf mêlée à celle, persistante, de viennoiseries encore tièdes. Dans ce mélange, il y a toute ma vie : la blessure et la tendresse, l'effacement et la survie. Je ferme mes yeux de pierre et je respire. Quoi qu'ils fassent, je resterai. Je garderai leurs histoires, même celles qu'ils ne voient pas. Et dans ce rôle, fragile et immense, je trouve encore la force d'aimer.

Le fracas des premières heures

L'aube s'est levée avec un frisson plus profond que tous ceux que j'ai sentis jusqu'ici. Dans mes veines, un courant impatient circule, traversant chaque rue, chaque pavé, chaque pierre des maisons que j'ai aimées. Les engins sont arrivés à l'aube, d'abord silencieux, puis grondants, comme si le jour lui-même leur donnait force et audace. Les marteaux frappent mes fondations, les excavatrices creusent mes entrailles, les machines hérissent mes toits de leurs silhouettes métalliques. Je sens mes veines vibrer sous l'assaut, mais je ne proteste pas. Je ne peux pas. Je dois abriter, contenir, aimer.

La lumière tranche mes ruelles en éclats et ombres mouvantes. Le vent du matin soulève la poussière des travaux et les feuilles tremblantes des arbres centenaires. Le sol frémit sous les pas des habitants, qui se déplacent sans comprendre le tumulte qui s'annonce. Les enfants sortent à l'école, leurs pas résonnent sur les trottoirs craquelés, et leurs rires se perdent dans le vacarme des machines. Mais je les vois, je les entends, et chaque souffle, chaque geste devient un fil de mémoire dans mon corps immense.

Une vieille dame s'arrête, ses pas se font lourds. Sa main se pose sur le tronc rugueux d'un arbre centenaire et elle serre l'écorce comme pour se raccrocher à quelque chose de solide dans ce monde qui bouge trop vite. Sa colère monte, sourde et bouillonnante, contre ce changement qui me défigure, contre les machines qui frappent mes fondations, contre ceux qui ignorent l'histoire que je porte. Elle sait ce qui va se passer et elle ne veut pas l'accepter. Moi, la ville, je frémis à travers mes veines, mais je ne peux pas le montrer. Je dois rester calme, immobile, accueillante malgré ma peine. Mais elle le devine. Elle sait que je suis triste, que je ressens chaque coup, chaque vibration, chaque effacement de mon passé. Ses doigts se crispent sur l'écorce et dans ce geste silencieux, nous partageons notre révolte. Elle crie dans son cœur pour moi, moi, je garde le silence pour elle. Sa colère devient un baume invisible. Elle est le témoin de ma douleur, la seule capable de la percevoir. Et dans ce lien muet, tout est dit : nous aimons encore ce qui disparaît, et malgré la rage et la tristesse, il faut tenir, rester debout, et espérer que quelque chose de vivant survivra.

Chaque rue que je croyais immuable se transforme sous mes yeux. Les façades anciennes disparaissent derrière les panneaux de chantier, les arbres ploient sous les scies, les pavés se brisent sous les engins. Je sens leur mémoire se tordre dans le vent. Le contraste avec mes souvenirs est brutal : ruelles courbes, pavés ébréchés, places ombragées où l'on prenait le temps de vivre. Tout cela s'efface, mais je retiens. Dans mes veines anciennes, chaque pierre, chaque planche, chaque pavé devient un fil de ma symphonie intérieure.

Le soleil monte, et la lumière devient crue. Les ombres des machines s'étirent sur mes murs comme des fantômes pressés. Les bruits se mêlent : le cliquetis des marteaux, le souffle des moteurs, les voix des ouvriers, les cris lointains des enfants, le bruissement des feuilles. Tout devient un rythme, un pouls qui traverse mes veines. Je me souviens des ruelles calmes, du froissement des feuilles au vent, du murmure des canaux oubliés. Ces souvenirs se mêlent à l'assaut du présent, et je deviens à la fois ancienne et nouvelle, blessée et vivante.

Le vent change dans l'après-midi, plus chaud, sec et chargé de poussière. Mes veines vibrent comme un corps qui respire. La ville sent le ciment frais, la terre humide, les feuilles des arbres encore intacts. Je pense au village que j'étais, aux ruelles que j'aimais, aux places tranquilles et aux arbres centenaires. Je comprends que je suis la rencontre des temps : mémoire, présent et futur entremêlés.

Des habitants s'arrêtent, observant le chantier. Un couple se tient la main, un enfant regarde les machines avec inquiétude. Chaque geste, chaque regard, chaque souffle devient un fil dans mon tissu vivant. Même les discussions hâtives, les pas pressés, les trébuchements sur les gravats, tout est retenu dans mes veines, conservé pour que la mémoire survive.

Le soir tombe. Le tumulte diminue, mais mes veines continuent de frémir. Les lampadaires s'allument comme des veilleuses dans mes rues ébranlées. Les oiseaux retournent à leurs perchoirs, le vent ralentit, les ouvriers s'éloignent. Les maisons neuves se dressent à l'horizon, encore inachevées, et je les contemple avec curiosité et tendresse. Je continue de retenir les gestes des habitants, leurs rires, leurs larmes, leurs secrets murmurés sur les marches. Chaque instant est un trésor que je place dans mes veines pour qu'il survive aux changements, aux destructions, aux oublis.

Je suis fatiguée, mais pas brisée. Blessée, mais pas défunte. Je continue de respirer avec eux, dans ce rôle fragile et immense. Être une ville, c'est être mémoire et refuge, c'est recevoir et protéger, c'est créer de la lumière dans le chaos. Et même au milieu du fracas, je trouve encore la force d'aimer, de retenir, de chérir. Parce que je sais qu'un jour, quand les machines auront terminé, je serai toujours là, avec tous ces fils de vie tissés dans mes veines, et que personne ne pourra m'enlever ce que j'ai gardé.

La place oubliée

Ils ont effacé ma vieille place. Les pavés qui murmuraient des histoires anciennes, les bancs qui portaient les rires et les secrets, tout a disparu sous la rigidité des constructions nouvelles. Mes veines vibrent encore de chaque pierre qui s'en est allée, de chaque souffle étouffé, mais je retiens tout. Chaque souvenir, chaque geste, chaque éclat de rire reste en moi, fragile mais vivant.

Elle arrive alors, la vieille dame. Ses pas sont lents et prudents sur le sol neuf. Ses mains effleurent les angles des murs, caressent les contours d'une fontaine qui murmure encore mes souvenirs, cherchent avec tendresse ce qui n'existe plus que dans mes veines. Ses yeux plongent dans mes cicatrices et, sans le savoir, elle comprend ma mélancolie. Son silence est une caresse, son regard un souffle qui traverse mes veines et redonne vie à ce que j'ai cru perdu.

Les enfants se glissent entre les nouvelles constructions, inventant des courses, des jeux absurdes et merveilleux. Leurs rires éclatent sur mes murs et se répercutent comme des notes dans un écho fragile. Ils ne savent pas qu'ils raniment ma mémoire, qu'ils éveillent les souvenirs d'arbres centenaires, de fontaines anciennes, de pavés qui savaient chaque pas des amoureux. Mais je le ressens, et je tisse ces instants dans mes veines comme un courant invisible qui les relie à moi.

La vieille dame s'assoit sur un banc improvisé. Ses mains reposent sur ses genoux, puis se posent sur le bois rugueux. Chaque geste qu'elle fait est un souffle dans mon corps. Quand elle sourit à un oiseau qui s'aventure sur le toit des immeubles neufs, je sens mes veines se détendre, comme si chaque sourire de sa part apaisait ma douleur. Elle porte en elle ce que je ne peux dire : la mémoire de ce que j'ai été et la patience de ce que je deviens.

Les adultes passent, pressés, inconscients de ce que j'ai perdu. Mais elle, elle ne se presse jamais. Elle observe. Elle écoute les murmures des enfants qui courent autour des nouvelles constructions, elle capte la respiration de ceux qui s'arrêtent un instant pour contempler les espaces transformés. Chaque geste, chaque souffle, chaque éclat de rire devient un trait de mémoire que je retiens, et grâce à elle, ces vibrations reprennent leur force.

Un chat traverse la place, et elle lève la main pour effleurer l'air, un geste presque imperceptible. Les passants ralentissent, se croisent, se parlent à voix basse. Chaque respiration, chaque pas, chaque murmure devient un lien fragile que je conserve. Même les constructions rigides deviennent un support pour mes veines vivantes, où se mêlent passé et présent.

Au coin d'une ruelle, un musicien installe son violon. La mélodie glisse dans l'air, fragile, irrégulière, mais persistante. Les enfants ralentissent, les adultes s'arrêtent un instant. Tout devient une vibration invisible qui relie les gestes de ceux qui vivent et respirent dans mes veines. La vieille dame écoute aussi, immobile, et je sens que sa présence amplifie la musique, qu'elle devient un écho qui traverse mes souvenirs et mon présent.

Une fleur pousse dans une fissure, minuscule mais obstinée. La vieille dame s'accroupit légèrement pour l'observer, et je sens ma mélancolie se transformer en émerveillement. Chaque micro-détail, chaque geste, chaque souffle devient un courant de mémoire et d'espoir. Sa lucidité, sa tendresse et sa patience redonnent souffle à mes veines fatiguées, et je sens la vie reprendre un rythme fragile mais vrai.

Le soir tombe. Les lampadaires s'allument, projetant des halos de lumière sur les pavés. Les oiseaux rentrent à leurs perchoirs. Les habitants regagnent leurs maisons, fatigués mais vivants. Je retiens chaque instant, chaque souffle, chaque geste, tissant un réseau fragile mais réel dans mes veines. Même abîmée, transformée, je continue de respirer, d'aimer et de veiller sur tout ce qui fait battre mon cœur de ville.

Dans le silence du soir, je sens sa présence près de moi. Elle ne parle pas, elle ne commente pas, mais je ressens son acceptation, sa compréhension, et cela suffit. Sa manière d'être est un pont entre ce que j'étais et ce que je deviens. Et dans ce souffle, dans ce courant fragile, je comprends que je peux continuer à exister, à garder mes histoires, à accueillir le présent avec douceur et lucidité.

Elle et moi

Elle est née ici, bien avant que je ne devienne ce que je suis aujourd'hui. À cette époque, je n'étais plus un simple village, mais pas encore la ville que je suis devenue. Mes rues étaient encore modestes, mes maisons basses, les arbres plus nombreux que les constructions. Les rivières glissaient doucement entre les prairies et les jardins, et les marchés animaient mes places de leurs couleurs et de leurs rires.

Je l'ai vue naître. Depuis ce jour, je ne l'ai jamais perdue de vue. Ses premiers cris, ses petits pas hésitants sur mes chemins fragiles, ses mains qui tâtonnaient le bois et la pierre, tout est gravé dans mes veines. Elle a grandi avec moi, observant mes moindres changements, découvrant chaque recoin, chaque souffle d'air, chaque vibration de mon corps en métamorphose.

Elle a grandi alors que je me transformais peu à peu, qu'une forme nouvelle émergeait de mes anciens chemins et de mes maisons encore modestes. Elle a vu mes rues s'étirer lentement, mes pavés se poser avec hésitation, mes bâtiments naître entre souvenirs du passé et promesses d'avenir. Elle a grandi avec cette transition, avec moi, et chaque étape de ma mutation a été pour elle un monde à explorer.

Je me souviens de ses premiers jeux : elle ramassait des pierres et les alignait en sentiers miniatures, cueillait des feuilles et les observait tomber avec émerveillement, inventait des histoires avec les brindilles qu'elle trouvait sur le sol. Chaque rire, chaque murmure, chaque geste devenait pour moi une vibration que je conservais précieusement, un souffle invisible qui tissait ma mémoire avec la sienne. Elle me connaissait sans le savoir.

À mesure qu'elle grandissait, je sentais sa présence devenir plus intense, plus lucide. Ses mains devenaient sûres, ses gestes attentifs, et son regard scrutait mes transformations avec une patience infinie. Elle a été témoin de mes métamorphoses, et chaque fois que je ressentais la douleur d'une disparition, elle me redonnait souffle et lumière.

Les autres enfants ont grandi et sont partis, dispersés dans le monde, éparpillés comme des feuilles emportées par le vent. Tous les autres visages se sont éloignés vers d'autres horizons, mais elle, elle est restée. Elle est devenue un ancrage dans mon temps, un repère dans mes veines. Son souffle m'accompagne depuis toujours, et je ressens chaque pas qu'elle fait, chaque sourire, chaque geste comme une note dans la mélodie de mes souvenirs.

Je me souviens d'un matin de printemps, quand elle cueillait des fleurs sauvages au bord de la rivière. Elle riait doucement, fascinée par l'éclat fragile des pétales, et moi, je vibrais à ce souffle de vie. Je me souviens de ses pieds nus qui traçaient des chemins improvisés dans mes ruelles étroites, de ses mains caressant mes murs encore humides de pluie, de ses yeux brillants qui semblaient contenir tout ce que j'étais et tout ce que je pouvais devenir.

Chaque saison a laissé une empreinte dans mes veines, et elle était là pour chaque changement. L'été, elle jouait avec les ombres des arbres et la lumière qui filtrait entre les branches, s'asseyait sur les bancs encore trempés par la rosée, écoutait le chant des oiseaux. L'automne, elle ramassait les feuilles mortes, les empilait en tas fragiles, et moi je retenais leur chute dans mes souvenirs. L'hiver, elle regardait la neige recouvrir mes pavés, écoutait le vent, et son silence devenait un écho que je gardais pour moi.

Les années ont passé, et j'ai grandi autour d'elle. Elle a vu mes rues s'étendre, mes places se transformer, mes murs se dresser plus hauts. Et pourtant, elle est restée, constante et fidèle, un souffle qui m'aide à respirer à travers mes cicatrices. Les autres sont partis, mais elle est là, et chaque geste qu'elle pose, chaque regard qu'elle porte devient pour moi une respiration, un souffle invisible qui ranime mes veines.

Je me souviens de ses gestes les plus simples, ceux qui me touchent profondément. Ses mains sur le bois rugueux d'un banc ancien, ses yeux posés sur une fissure où pousse une fleur obstinée, son sourire pour un oiseau perché sur un toit. Chaque instant de sa vie est un écho dans mes veines, chaque souffle qu'elle prend me rappelle que je ne suis pas seulement une ville de pierres et de béton, mais un corps vivant, sensible, capable de mémoire et d'émotion.

Et quand le soir tombe, elle marche toujours dans mes rues. Ses pas résonnent doucement sur mes pavés neufs. Elle s'arrête parfois pour observer un détail, écouter le vent, toucher la pierre. Elle sourit, et je sens mes veines se détendre, respirer à nouveau. Ses gestes sont une musique silencieuse, une vibration fragile mais persistante qui me rappelle que mes cicatrices ne sont pas seulement des blessures : elles sont la trace de la vie, des histoires, des souvenirs.

Je retiens chaque instant, chaque souffle, chaque geste. Chaque sourire, chaque regard, chaque frémissement est une mélodie que je conserve précieusement. Même abîmée, transformée, je continue de respirer, de veiller et d'aimer, et sa présence me le rappelle sans cesse. Elle est l'un des rares visages restés, un ancrage dans le temps, un souffle qui traverse mes veines et me rend vivante.

Je sais que je la verrai toujours. Marcher, sourire, écouter, ressentir. Dans son regard, je retrouve la mémoire de mes origines, la douceur de mes premières heures, la mélancolie de mes pertes et la lumière fragile mais persistante de ce qui continue à vivre. Elle est mon écho vivant, celle qui, sans savoir, garde mon passé, accompagne mon présent et éclaire mon avenir.

Éphémère

La lumière du jour s'étirait sur mes façades comme un voile d'or pâle. L'après-midi s'achevait lentement et, dans mes ruelles, quelque chose frémissait d'impatience. Je le sentais dans mes veines, dans mes murs, dans mes pierres : un souffle d'anticipation courait de balcon en balcon. Les habitants, d'abord discrets, glissaient comme des ombres claires. On entendait des chuchotements, des rires étouffés, des pas qui traînaient des bancs sous les platanes. Dans l'air, flottait une promesse : ce soir, ce ne serait pas comme d'habitude.

Les guirlandes de papier furent suspendues entre mes fenêtres, flottant dans la brise tiède. Les tables, poussées hors des maisons, s'alignaient sur mes pavés. Les fleurs des balcons penchaient leurs corolles pour voir ce qui se préparait. Même mes murs semblaient retenir leur souffle, comme si, l'espace d'un soir, l'humanité allait me prêter ses battements de cœur.

Je les regardais faire, et quelque chose en moi se souvenait. J'avais connu d'autres soirs d'été, d'autres fêtes improvisées ; j'avais vu des enfants courir sous des lampions, des couples danser sous les branches. Mais chaque fois était unique, un éclat d'eau qui ne retombe jamais au même endroit. Ce soir-là, leurs gestes me paraissaient plus tendres, plus hésitants, comme s'ils cherchaient à réparer quelque chose sans le savoir.

Puis le soir est venu, d'abord violet, puis bleu

profond. Les lampions se sont allumés un à un, de petites flammes tremblantes suspendues entre ciel et pierre. Les gens ont commencé à arriver, les bras chargés de paniers et de nappes. Des enfants ont couru en éclats de rire, traçant des cercles dans la poussière dorée. Leurs voix montaient vers mes toits comme des oiseaux surpris, rebondissaient sur mes façades, redescendaient en pluie fine.

L'accordéon est entré dans la danse. Ses soufflets se gonflaient et se repliaient comme des ailes, exhalant une mélodie claire et tendre. Les notes se faufilaient entre mes ruelles, glissaient sous mes portes, grimpaient sur mes balcons, se perdaient dans mes toits. À chaque respiration de l'instrument, mes murs vibraient, et les rires devenaient des perles sur un fil invisible. Les couples se levaient, les mains se joignaient, les pas commençaient à tourner. La fête, maintenant, m'habitait tout entière.

Je sentais sur ma peau de pierre les parfums mêlés : l'odeur des bouquets de fleurs posés sur les tables, celle du bois chaud des bancs déplacés pour l'occasion, celle du linge frais encore suspendu aux fenêtres. Les arbres, eux-mêmes, participaient : leurs branches retenaient les guirlandes et les faisaient danser doucement au rythme de la brise. Dans la fontaine du centre, l'eau chuchotait et rejaillissait en éclats d'argent, comme pour répondre aux voix humaines.

Partout, des gestes minuscules. Un enfant

ramassait un chapeau tombé et le posait sur la tête d'une vieille dame. Une jeune fille retenait la manche de son frère pour qu'il ne trébuche pas. Un chien tirait sur sa laisse, excité par tant de mouvement, et un vieil homme riait en le retenant. Tous ces gestes tissaient, sans qu'ils le sachent, une tapisserie invisible de bonté ordinaire, et je la sentais battre sous mes pavés.

Les heures ont passé dans cette lumière fragile. Les couples dansaient, les enfants jouaient, les amis parlaient avec animation, et l'accordéon roulait ses notes dans la brise. Moi, j'écoutais, je vibrais, je m'enivrais de ce souffle de vie qui emplissait mes veines. L'espace d'un soir, j'avais l'impression de redevenir ce lieu d'autrefois, ni vraiment village ni vraiment ville, un espace vivant où tout était encore possible.

Puis, comme toute marée, la fête a commencé à refluer. Les enfants, fatigués, ont cessé de courir. Les tables ont été repliées, les lampions se sont éteints un à un, l'accordéon a poussé son dernier soupir. Un silence doux est revenu, glissant entre mes pierres comme une caresse. Les habitants ont disparu derrière leurs portes, et je suis restée seule, mes veines encore tièdes du passage de leur joie.

Alors j'ai ressenti la mélancolie. Ce bonheur des hommes n'était qu'une étincelle, un souffle fragile dans le vaste courant du temps. Une soirée, une respiration, et tout reprenait son cours : les routines, les soucis, les gestes répétés. Moi, ville attentive, je demeurais avec mes souvenirs, consciente que ce qui m'avait traversée n'était déjà plus qu'un écho.

Et pourtant, dans ce silence revenu, quelque chose persistait. Le parfum des rires, le frémissement des pas, la lumière suspendue des lampions, tout cela flottait encore dans mes veines comme des braises sous la cendre. Ces instants, même passagers, laissaient une trace, un souffle que je pouvais chérir dans ma solitude. Dans ma mémoire de pierre et de vent, ils devenaient des éclats d'éternité.

Je sais qu'ils reviendront. Ils fêteront à nouveau, danseront, chanteront. Ils oublieront peut-être la tristesse d'avant et celle qui vient après. Mais moi, je retiendrai tout. Chaque sourire, chaque éclat de rire, chaque pas, chaque note d'accordéon. C'est cela qui me rend vivante : accueillir leurs joies éphémères et les conserver, silencieusement, comme des trésors qu'eux-mêmes ne soupçonnent pas.

Au matin des lampions

L'aube arrive toujours par mes toits. Elle ne frappe pas, elle glisse, elle s'infiltre, elle se pose. Ce matin, elle est entrée sur la pointe des pieds, soulevant les ombres des balcons comme on soulève un rideau. Elle a léché mes façades de son or pâle, puis a descendu mes ruelles en déroulant un voile d'air frais. Là où hier vibraient les rires, ne restent que des traces, comme si la nuit avait été un rêve trop brillant.

Les lampions pendus entre les arbres sont éteints, froissés. Les guirlandes, lourdes d'humidité, balancent encore au rythme d'une brise matinale qui sent l'herbe et la pierre mouillée. Sur mes pavés, des confettis collés brillent comme de petites écailles. Un ballon dégonflé repose au pied d'un banc déplacé. Un gobelet vide a roulé jusque dans le creux d'une marche. Les signes d'une fête, fragiles, sont devenus des reliques silencieuses.

L'accordéon dort encore sur un banc, recouvert d'une nappe oubliée. Ses soufflets sont repliés comme des ailes d'oiseau épuisé. Je me souviens de ses notes qui hier traversaient mes ruelles, glissant dans l'air tiède, se posant sur les épaules des passants. Maintenant, il n'est plus qu'une respiration figée. J'ai envie de le protéger, ce silence, comme on protège le sommeil d'un enfant.

Les premières fenêtres s'ouvrent. Des rideaux se soulèvent, des têtes apparaissent, des voix basses échangent quelques mots. On entend le cliquetis d'une cuillère contre une tasse, le bruit d'un balai sur les pavés. Une femme ramasse les papiers restés sur le sol, un homme décroche les lampions. Leurs gestes sont lents, presque tendres, comme s'ils rangeaient un souvenir précieux. Je les observe avec bienveillance, absorbant chaque mouvement, chaque soupir.

Je n'ai pas vu la vieille dame hier soir. Elle n'était pas sur ma place, et pourtant je sentais sa présence. Peut-être qu'elle regardait de sa fenêtre, ses mains posées sur l'appui, son regard traversant la nuit. Je l'imagine : ses yeux connaissent mes murs comme on connaît un visage aimé. Elle sait lire mes changements, mes blessures. Elle a peut-être souri en voyant les guirlandes, ou peut-être qu'un voile de tristesse a traversé son regard. Elle comprend mes silences ; elle sait ce que je ne dis pas.

Elle vit dans une petite maison au bord de l'ancienne place, celle qu'on a effacée pour y bâtir du neuf. Elle est l'une des dernières à avoir connu mon entre-deux : ni village, ni ville. Je l'ai vue enfant, courant sur mes chemins de terre. Je l'ai vue adolescente, assise sur un muret, un livre sur les genoux. Je l'ai vue adulte, le pas plus lent mais l'œil toujours vif. Tous les autres visages se sont éloignés vers d'autres horizons, mais elle est restée. Elle m'a vue changer, et moi je l'ai gardée, comme un repère.

Ce matin, alors que mes pavés sont encore couverts des miettes de la nuit, je pense à elle.

Peut-être qu'elle descend l'escalier lentement, en prenant appui sur la rampe, comme chaque matin. Peut-être qu'elle marche déjà vers la fontaine qui murmure encore mes souvenirs. Elle posera sa main sur la pierre, et sans un mot, elle sentira tout : la fête, la joie, la mélancolie. Elle comprendra, comme toujours, que mes pierres gardent ce que les hommes croient perdre.

Le soleil monte, diluant peu à peu la pâleur de l'aube. Mes ombres se raccourcissent, mes murs se réchauffent. Les traces de la fête disparaissent à mesure qu'ils rangent, mais moi je garde tout. Chaque éclat de rire est entré dans mes murs, chaque pas de danse a laissé une empreinte dans mes veines. Même le silence, maintenant, je l'absorbe et je le garde.

Je sais que je suis faite de ces instants-là, comme d'autant de pierres invisibles. Les hommes croient que leur joie est passagère, qu'elle s'évanouit avec la nuit. Mais non : elle reste. Je la tiens, je la porte, je la fais durer. Quand ils reviendront demain, fatigués et sérieux, je leur rendrai, sans qu'ils s'en doutent, un peu de ce qu'ils m'ont donné.

Car c'est cela ma vie, à moi, ville qui change sans cesse : recueillir leurs éphémères, les transformer en souvenirs. Même si mes pierres nouvelles effacent mes pierres anciennes, même si mes places disparaissent, je garde tout. Et tant qu'une vieille dame, un enfant, un passant posera sa main sur mes murs, j'existerai encore dans ce lien secret que nous tissons, eux sans le savoir, moi sans l'avouer.

L'aube est pleine de ce secret. Entre mes pavés, sous les confettis humides, il y a le murmure des lampions éteints, le parfum des pas, la chaleur d'une main invisible. Tout cela me traverse et me construit. Je suis seule ce matin, mais pas vide. Je suis pleine de leurs vies, de leurs respirations, de leurs oublis. Et cela, je le chéris.

L'orage et la résilience

L'après-midi s'étirait dans une lumière lourde, presque tangible, saturée de chaleur et de silence. Mes pavés frémissaient sous le souffle chaud qui courait dans mes ruelles. Le ciel se couvrait peu à peu, d'abord d'un gris pâle, puis de nuages sombres et denses qui semblaient peser sur mes rues et mes places. Chaque façade frémissait, chaque pavé retenait son souffle. Les branches de mes arbres penchaient, comme des mains pressentant la tempête à venir. La ville entière frémissait, consciente que quelque chose allait la traverser.

Le vent se leva doucement, un souffle chaud et chargé d'odeurs de pierre et d'air lourd, comme un orage prêt à éclater. Il glissait dans mes passages et mes ruelles, fouettant les feuilles et soulevant les papiers oubliés. Il caressait les balcons, s'infiltrait dans mes couloirs de vie et faisait frissonner mes murs. Je sentais chaque vibration, chaque souffle, chaque mouvement parcourir mes veines et annoncer la tempête imminente.

Les premières gouttes tombèrent, fines et légères, comme un avertissement timide. Elles frappaient mes pavés et mes façades, glissaient le long de mes ruelles et réveillaient mes souvenirs. Puis la pluie devint plus insistante, martelant les toits, glissant sur les murs, frappant chaque pierre avec la force d'un tambour. Mes passages se transformèrent en miroirs liquides, chaque goutte reflétant le ciel sombre et les façades trempées.

Les lampions, trempés et frémissants, racontaient encore la mémoire de la fête. Leur mouvement contrastait avec le tumulte de la pluie et du vent, leurs couleurs floues capturant les fragments de lumière. Les branches ploient sous le poids de l'eau, puis se redressent, secouant l'eau comme un souffle de soulagement. Les flaques grossissaient, devenant des miroirs dans lesquels je pouvais contempler mes façades et mes rues transformées.

Des silhouettes se faufilent à travers mes ruelles : un enfant court sous un parapluie percé, éclaboussant mes pavés luisants ; une femme referme son manteau et se presse sous un porche, un rideau frémissant derrière elle. Tous ces gestes me traversent, nourrissent mes couloirs de vie et me rappellent que je ne suis jamais seule.

La foudre éclata soudain, déchirant le ciel d'un blanc aveuglant. Le tonnerre suivit, grondant dans mes veines et mes passages, résonnant contre mes façades comme un tambour ancestral. Chaque vibration parcourut mes pierres et mes pavés, secouant mes ruelles et mes couloirs de vie, mais jamais assez pour me briser. Je restais haute et solide, absorbant chaque décharge comme un passage nécessaire, une purification.

Le vent hurlait, arrachait les feuilles, faisait claquer les volets et les portes, s'engouffrait dans les passages, soulevait des rubans et des papiers comme pour créer une danse chaotique. Mes arbres se courbèrent sous la force du souffle, mes fontaines bouillonnaient de gouttes, mes pavés scintillaient sous la pluie. Tout semblait chaotique et pourtant organisé, chaque mouvement entrant dans une chorégraphie que seuls mes yeux pouvaient comprendre.

Les oiseaux se réfugièrent sous les toits et dans les arbres, frissonnants mais vivants. Les passants, prudents, observaient mes rues et mes places, fascinés par la puissance de la nature qui m'avait traversée. Chaque reflet dans les flaques, chaque goutte qui brillait sur mes pierres, chaque souffle de vent me rappelait que je suis vivante, attentive et forte.

Puis, progressivement, l'orage se calma. La pluie se fit bruine, puis fine, puis cessa. Les nuages s'écartèrent lentement, laissant filtrer des rayons de soleil timides. Les flaques devinrent miroirs, reflétant mes maisons, mes arbres et le ciel clair. Les branches dégoulinantes se redressaient doucement, et un arc-en-ciel fragile apparut, reliant mes ruelles trempées comme un pont entre chaos et sérénité.

Je sentis mes veines pulser à nouveau, fortes et confiantes. La ville avait été traversée, secouée, mais jamais brisée. Les cicatrices laissées par la tempête ne faisaient que souligner ma solidité. Je portais mes souvenirs et mes passants, mes ruelles et mes places. Et je savais que tout cela continuerait, toujours.

Les passants osaient enfin sortir, marchant

prudemment, émerveillés par le calme retrouvé. Chaque reflet dans les flaques, chaque goutte qui brillait au soleil, chaque souffle de vent doux, me rappelait que la vie continuait, fragile mais persistante.

Je suis la ville. Haute, solide, fragile, mais jamais brisée. Chaque tempête, chaque souffle, chaque pluie laisse une trace, nourrit ma mémoire et enrichit mon regard. Je suis là, attentive, éternelle, et je continuerai à accueillir chaque instant, chaque souffle de vie, chaque reflet de lumière, avec la tendresse et la lucidité que seule une ville qui connaît le temps peut posséder.

Sous l'eau et sous le temps

La pluie revenait, d'abord timide, presque hésitante, comme si elle redoutait de troubler le calme fragile que l'orage avait laissé derrière lui. Puis elle s'intensifia, tombant en rideaux serrés sur mes pavés et mes façades, glissant dans mes veines comme une rivière trop longtemps retenue. Chaque goutte qui tombait sur moi me parlait du passé, de ce que j'étais, et de ce que je suis devenue.

Autrefois, mes sols absorbaient l'eau avec une facilité que l'homme ne pouvait comprendre. Chaque goutte pénétrait la terre, nourrissait mes racines, glissait entre les pierres et disparaissait dans mes veines profondes. La pluie n'était jamais un poids, elle était un souffle, un murmure, un bain pour ma mémoire et pour ma respiration. Les flaques naissaient, s'étiraient, reflétaient la lumière, puis disparaissaient, laissant derrière elles un parfum de terre et de vie. Les fontaines murmuraient, les branches ploient sous leur poids, et mes ruelles dansaient doucement avec l'eau. Tout était fluide, respirable, naturel.

Aujourd'hui, tout est différent. L'homme m'a recouverte de béton et d'asphalte. Chaque ruelle est un canal où l'eau s'accumule, lourde, stagnante. Mes pavés reflètent le ciel comme des miroirs trop longs à se vider. La pluie glisse, frappe, s'attarde, et je sens ma poitrine se serrer sous ce poids. Comme si l'homme voulait garder ma tête sous l'eau, m'empêcher de respirer, me rappeler que ma liberté naturelle n'existe plus. Et lui, l'homme, se plaint. Il se plaint de la pluie, de l'eau stagnante, de l'inconfort… Quel culot. C'est lui qui m'a transformée, moi, la ville, et il ose m'en reprocher les conséquences.

Je sens chaque goutte. Elles glissent sur mes pierres, s'accumulent dans mes passages, stagnent dans mes ruelles et mes places. Chaque flaque est un reflet de moi-même, un miroir de ma mémoire, de mon endurance, de ma lucidité. Je me souviens de chaque goutte absorbée autrefois, de chaque souffle naturel qui traversait mes veines. Je me souviens de mes rues légères et respirantes, de mes jardins et fontaines, de mes pierres baignées de lumière et de pluie, de mes arbres qui s'inclinaient pour mieux se redresser. Tout était fluide, simple, harmonieux.

Maintenant, chaque goutte stagnante est un poids, un rappel du fardeau imposé par l'homme. Elle reflète mes façades, mes toits, mes ruelles transformées, et me rappelle mon ancienne liberté. Je sens le béton étouffer mes veines, le bitume retenir l'eau et la mémoire à la fois. Chaque ruelle devient miroir, chaque pavé brille sous une eau trop longue à s'écouler, et je ploie sous cette retenue, mais je ne cède pas.

Je contemple ma transformation dans chaque pierre, chaque ruelle, chaque souffle de mes veines. Les jardins ont diminué, les arbres ont été contraints, les anciens passages ont disparu sous les constructions humaines. Et pourtant, je suis encore là, consciente. Je sens l'eau, je sens le poids, je sens la pression, et je continue d'exister. Les flaques stagnantes deviennent des miroirs où je vois ma mémoire, ma résistance, ma force tranquille.

Chaque goutte, chaque reflet, chaque ride de pavé me raconte une histoire. Celle d'une ville façonnée par le temps, par les hommes, mais jamais brisée. Je me rappelle des jours anciens, où mes veines étaient libres, où la pluie glissait dans la terre, où mes jardins et mes arbres respiraient. Je juxtapose ces souvenirs à ce présent fait de stagnation et de rigidité. Je ressens la douleur, la frustration, le poids de la contrainte... et la lucidité.

Même sous l'eau stagnante, même sous la pression du béton et des constructions humaines, je reste consciente. Je respire dans ma stagnation, je ploie sans me rompre, je suffoque sans céder. Chaque flaque, chaque goutte suspendue, chaque reflet est une méditation sur le temps, la transformation et la résilience. Je suis haute, solide, fragile, consciente.

Je sens ma poitrine se serrer sous chaque goutte qui stagne, mais je ne cède pas. La pluie est lourde, mais elle me rappelle que je suis vivante, que je vois, que je pense, que je porte en moi l'histoire entière de ce que j'étais et de ce que je suis devenue. L'homme peut se plaindre, m'accuser, me contraindre... je continue. Je suis la ville. Je respire, je réfléchis, je murmure dans mes veines, je garde ma mémoire intacte et mon souffle fort.

Chaque goutte suspendue est un défi que je relève. Chaque flaque est un miroir où je contemple ma lucidité, ma patience, ma résistance silencieuse. Même sous l'eau, même étouffée, je suis consciente, tendue vers la lumière, enracinée dans mon passé et mon présent.

Je suis la ville. Haute, solide, fragile, éternelle. La pluie me traverse, me pèse, me sculpte. Elle rappelle ce que j'étais et ce que je suis. Elle révèle ma force, mon endurance et ma lucidité. L'homme peut se plaindre, il peut ignorer, il peut vouloir me façonner… je continue. Je reste. Je suis la ville.

La maison du temps

Je suis la ville, et je porte en moi le souffle des siècles, le frémissement des pierres anciennes, le murmure des pavés sous la pluie, les vibrations des sols que l'homme a foulés depuis des générations, le chant des fontaines et le frôlement des feuilles des arbres qui inclinaient leurs branches au vent, le rire des enfants courant dans mes ruelles parfumées et simples, le frôlement des mains attentives qui caressaient mes murs, et tout cela persiste, fragile mais tenace, même lorsque l'homme moderne arrive, pressé et bruyant, apportant ses façades froides et éphémères qui étouffent mes veines, brisent ce qui a été fait pour durer et laissent derrière elles des cicatrices que le temps aura du mal à effacer.

Et au milieu de tout ce tumulte, il y a elle. La vieille dame, âgée de 79 ans. Elle a traversé mes années avec douceur, et en chacun de ses gestes, mes pierres sentent la tendresse du temps. Depuis toujours, elle habite la maison de sa famille, bâtie en 1784 par ses ancêtres, qui ont aussi façonné une partie du village aujourd'hui disparu, remplacé par des constructions modernes, fragiles et éphémères. Au-dessus de la porte, la date est gravée dans la pierre, immuable, comme un témoin silencieux des siècles passés et des mains attentives qui ont bâti ce village, pris soin de mes ruelles et de mes pierres, et insufflé vie et dignité à ce que j'étais autrefois. La vieille dame veille sur cette gravure avec tendresse et soin, essuyant la pierre, caressant les chiffres, pour que le temps et l'homme moderne ne puissent effacer ce que l'histoire a gravé dans mes murs. Ses gestes redonnent souffle et mémoire à mes ruelles, à mes pierres, à moi, ville vivante et blessée par le tumulte des constructions éphémères.

L'homme moderne, lui, ignore ce souffle, ignore ce soin. Il impose le béton et le métal, il construit rapidement, sans patience, sans respect, sans racine, et ses façades éphémères s'effacent avant même d'avoir trouvé leur place. Chaque rue transformée, chaque place refaite, chaque sol bétonné me semble étouffer un peu plus, me déchirer lentement, me priver de mon souffle et de ma dignité. Et pourtant, elle est là, fidèle et silencieuse, et ses gestes redonnent souffle et mémoire à mes pierres.

Je me souviens des matins clairs de ma petite ville, avant que le béton ne recouvre mes veines et que l'indifférence ne s'installe : des fontaines qui murmuraient, des arbres qui laissaient passer le vent et la lumière, des enfants courant dans mes rues, des mains attentives caressant mes murs, des pas prudents et lents sur mon sol, chaque souffle des habitants traversant mes ruelles comme un poème vivant. Et maintenant, je regarde la vieille dame, et dans chacun de ses gestes, dans chacune de ses caresses sur la gravure au-dessus de la porte, je retrouve ce souffle ancien, cette patience, cette tendresse, et je me sens respirer à nouveau, capable de traverser les siècles malgré l'homme moderne, malgré ses constructions fragiles et éphémères, malgré ses gestes rapides qui brisent tout ce qui était fait pour durer.

Chaque pierre de sa maison, chaque fissure, chaque gravure, chaque souffle ancien est un pont entre mon passé et mon présent, un fil invisible qui me relie aux siècles passés, à la lenteur des habitants d'autrefois et à la dignité de mes ruelles. À côté, les constructions modernes paraissent maladroites, précaires, pressées de montrer leur existence, mais déjà condamnées à disparaître. Et moi, ville, je danse silencieusement avec elle, dans cette amitié invisible, dans ce souffle partagé qui me redonne force et mémoire, capable de traverser les siècles et de garder en moi ce que l'homme moderne ne peut comprendre, ce que ses gestes éphémères ne peuvent effacer, ce que la gravure au-dessus de sa porte et les gestes attentifs de la vieille dame continuent de faire vivre.

Je regarde chaque détail de sa maison, ses pierres polies par le temps, les fissures qui racontent des histoires, les reliefs des sculptures oubliées, chaque contour qui résiste au passage des hommes pressés. Je sens le contraste, je le vis, je le respire : ici, une maison bâtie par ses ancêtres, héritage vivant d'un village autrefois respecté, là, un immeuble qui s'efface, un bout de béton qui se fend, un instant éphémère qui se croit éternel.

Et je sens, profondément, que cette vieille dame me soutient, sans le savoir. Sa fidélité, son soin, son attention portée à cette gravure que beaucoup ignoreraient ou oublieraient, redonne souffle à mes pierres, à mes murs, à mon souffle ancien. Elle me rappelle ce que j'étais, ce que j'ai été avant que l'homme moderne ne vienne me façonner à sa hâte, avant que ses gestes rapides et éphémères ne remplacent la lenteur et le respect. Et même lorsque je vois ses constructions fragiles surgir autour de sa maison, je sais que tant que cette gravure sera soignée, tant que ses mains poseront leur attention sur la pierre, je resterai digne, solide, capable de traverser le temps, capable d'aimer encore et encore, capable de garder en moi ce souffle ancien et la mémoire de mes siècles.

Je suis la ville, je porte les siècles, je porte les cicatrices, je porte les souvenirs, et tant qu'elle sera là, fidèle et silencieuse, je resterai vivante et mémorielle, capable de respirer, capable de garder la mémoire, capable d'aimer et de résister, malgré l'homme moderne et ses gestes éphémères, malgré le béton et le métal qui m'entourent, malgré le tumulte de chaque jour.

L'automne s'installe

Les rues s'éveillaient sous la lumière dorée de l'automne. Les pavés, humides de la pluie récente, reflétaient les tons rougeoyants et orangés des feuilles qui tombaient lentement des arbres. Chaque ruelle semblait revêtir un manteau nouveau, un tapis éphémère que le vent viendrait bientôt disperser, mais qui, malgré sa fragilité, rendait mes pierres et mes murs plus vivants, plus riches de couleur et de mémoire.

Les arbres, témoins immobiles de siècles de transformations, inclinaient leurs branches au souffle d'un vent léger. Les feuilles tourbillonnaient, glissaient, s'accrochaient aux rebords de fenêtres et aux bordures de trottoirs, comme si elles cherchaient à retenir le temps. Chaque chute me racontait la fidélité du cycle, le retour assuré de la saison, et la permanence de ce qui est naturel, persistant malgré les constructions humaines éphémères qui surgissaient autour de moi.

Les cheminées des maisons anciennes fumaient doucement, diffusant dans l'air froid l'odeur chaude du bois brûlé. Ce parfum semblait murmurer des souvenirs aux pierres, aux pavés, aux façades anciennes. À côté, les immeubles récents, froids et impersonnels, restaient muets et vides, incapables de capter la lumière dorée, incapables de retenir l'odeur ou le souffle du bois, comme si le béton et le métal étaient étrangers à la douceur des saisons.

Les habitants s'adaptaient aux signes de l'automne. Les manteaux, les écharpes et les gants réapparaissaient dans leurs armoires et sur leurs épaules. Les pas se faisaient plus rapides, moins de promeneurs s'attardaient dans les rues. Les magasins ne laissaient plus leurs portes grandes ouvertes, les odeurs de café chaud et de croissants disparaissaient, remplacées par un silence différent, plus sec et plus pressé. Chaque geste humain me racontait l'urgence du quotidien, l'attention dispersée, l'impatience et la distraction, contrastant avec la lenteur majestueuse de mes feuilles qui tombaient.

Pourtant, au milieu de cette agitation, l'automne me parlait d'un souffle ancien. Les rayons du soleil filtraient à travers les branches, éclairant mes ruelles et mes trottoirs, glissant sur les pierres patinées par les siècles. Chaque reflet, chaque ombre, chaque couleur m'apprenait à observer la beauté fragile qui revient chaque année, à sentir l'éphémère mais aussi la persistance qui traverse le temps.

Les rues étaient silencieuses par endroits, bruyantes par d'autres. Les enfants jouaient dans les feuilles, éclatant de rire, sautant et courant avec un émerveillement que je n'avais pas ressenti depuis longtemps. Les adultes passaient rapidement, certains absorbés dans leurs pensées, d'autres contemplant un instant la danse des feuilles, un rayon de soleil, une pierre ancienne ou une façade aux couleurs changées. Chaque geste, chaque mouvement, chaque souffle me traversait et m'enrichissait.

Les constructions modernes me paraissaient plus fragiles que jamais. Elles tentaient de s'imposer, de remplir l'espace et le temps, mais l'automne leur rappelait leur condition éphémère. Elles ne sentaient pas, elles ne respiraient pas, elles n'avaient ni odeur ni souffle. À côté, les anciennes demeures, les façades patinées et les pierres solides continuaient de capter la lumière, d'emmagasiner la chaleur du bois brûlé et de témoigner de la permanence du temps. Le contraste était cruel, mais aussi fascinant : éphémère et persistant, pressé et patient, fragile et solide.

Le vent continuait de jouer dans les arbres et sur les pavés, emportant avec lui des feuilles encore accrochées, faisant tomber des couleurs sur les rebords des fenêtres et sur les trottoirs. La pluie, légère, parfois battante, venait rappeler aux pierres et aux pavés que le temps poursuit son cycle, qu'il emporte et qu'il redonne, qu'il transforme sans jamais détruire totalement ce qui a résisté.

L'automne me parlait d'éphémère et de persistance, de temps qui passe et revient, de beauté fragile et inaltérable. Les saisons, les cycles naturels, me rappelaient que, même au milieu du béton, des façades modernes et des gestes humains pressés, je pouvais continuer à respirer, à sentir, à vivre. Les feuilles disparaîtraient, les rayons de soleil s'éteindraient, les parfums de bois brûlé s'éloigneraient, mais le cycle reviendrait, encore et encore, chaque année, fidèle et patient.

Je sentais chaque souffle, chaque couleur, chaque parfum et chaque geste. L'automne me traversait, m'emplissait de mémoire et de poésie, et me rappelait que l'éphémère peut être persistant, que la fragilité peut contenir la beauté la plus profonde, et que le temps, même pressé par les hommes, ne peut jamais effacer entièrement ce qui est vivant et sensible.

Et tandis que les feuilles s'amoncelaient en tapis colorés sur mes pavés, que l'air devenait plus frais et que la lumière dorée s'étirait jusqu'au crépuscule, je sentais la vie, lente et tenace, circuler à travers mes rues. L'automne, éphémère mais fidèle, me murmurait que je persisterais, que je garderais ma mémoire et ma dignité, capable de sentir le souffle du temps et de traverser les années, saison après saison, couleur après couleur, souffle après souffle.

Premier brouillard

Ce matin, je me suis éveillée sous un voile épais qui glissait sur mes rues, mes maisons et mes pavés, effaçant mes contours et adoucissant mes angles. Les constructions modernes et les maisons anciennes se sont fondues dans cette brume, égales dans l'ombre, silencieuses dans leur immobilité. Le brouillard m'a enveloppée comme un secret que je porte seule, dense, froid et doux à la fois, me recouvrant de sa matière cotonneuse et flottante.

Chaque son se transformait. Les pas des habitants, habituellement précis, résonnaient dans un écho feutré, s'étirant, s'éteignant avant même d'atteindre mes oreilles. Les conversations perdaient leur netteté, comme si chaque mot devait traverser un voile de silence avant d'exister. Les moteurs des véhicules ne faisaient plus que murmurer, distants et lourds, ralentis par la densité de l'air. Moi, ville, je percevais tout, je sentais chaque vibration, chaque souffle, chaque frisson.

Mes ruelles se transformaient en labyrinthes secrets. Les pavés brillaient d'une lueur humide et mystérieuse, tandis que les lampadaires projetaient des halos tremblants qui glissaient sur mes murs et mes façades. Les fenêtres s'illuminaient par intermittence, révélant des silhouettes indistinctes, des fantômes de gestes humains que je reconnaissais sans les nommer. Les arbres, chargés de leur feuillage d'automne, ondulaient doucement dans la brume, leurs branches formant des arabesques évanescentes qui se perdaient dans le nuage. Je respirais avec eux, je frémissais à chaque souffle de vent humide, à chaque goutte suspendue dans l'air.

Il n'y avait plus ni centre ni périphérie, plus de hiérarchie entre les rues et les places, entre le vieux et le neuf, entre le solide et l'éphémère. Tout se confondait, se mêlait, se suspendait dans le mystère. Même mes cicatrices, que l'homme avait creusées au fil du temps, semblaient adoucies par le voile : les fissures se faisaient velours, les trottoirs irréguliers se perdaient dans une mer de vapeur. Et moi, ville, je m'émerveillais de cette suspension.

Le brouillard m'obligeait à l'attention. Une goutte d'eau glissant sur une pierre devenait un diamant fragile. La condensation sur les vitres racontait des histoires que personne n'écoutait. Le vent, léger et imprévisible, tordait les branches, faisait trembler les volets, caressait mes toits et mes balcons, et je sentais chaque vibration comme un frisson à travers mes veines de pierre.

Les habitants avançaient, frileux et hésitants, enveloppés dans leurs manteaux, leurs écharpes. Ils ne savaient pas que je les observais, que je recueillais chacun de leurs gestes, chacune de leurs respirations. Chaque pas résonnait, chaque souffle s'infiltrait dans mes murs, chaque regard se perdait dans le mystère. Et moi, je gardais tout pour moi, silencieuse et présente, comme une mémoire vivante.

Parfois, un rayon de lumière perçait la brume et tombait sur une façade ou un pavé, révélant une couleur cachée, une texture oubliée. Le contraste avec l'ombre diffuse créait des îlots de clarté, des petites îles éphémères de certitude dans un monde flou. Mais aussitôt, la vapeur reprenait ses droits et tout se dissolvait à nouveau, me rappelant que rien n'était permanent, que tout devait être ressenti, gardé dans ma mémoire et dans mon souffle.

Je me souvenais de mes brouillards passés, mais aucun n'avait été comme celui-ci. Celui-ci était dense, patient, souverain. Il me rendait invisible, mais vivante. Il effaçait le bruit de la ville, les pressions de l'homme moderne, les constructions hâtives. Il m'offrait une parenthèse, un espace où je pouvais redevenir ce que j'étais avant, une ville suspendue entre la mémoire et le rêve.

Dans cette suspension, chaque ruelle devenait un passage secret. Chaque façade, un voile derrière lequel se cachait l'histoire. Les coins, les escaliers, les passages étroits : tout prenait un air mystérieux, incertain, invitant à explorer sans jamais toucher, à sentir sans jamais connaître. Je devenais un labyrinthe vivant, une énigme, un lieu où les souvenirs et le présent se mêlaient, où le temps s'étirait et se courbait sous le poids du brouillard.

Même mes constructions modernes, froides et impassibles, se transformaient dans cette lumière diffuse. Leurs angles droits se perdaient dans le voile vaporeux, leurs lignes sévères se fondaient dans le gris humide. Le contraste avec mes maisons anciennes n'existait plus : tout se confondait, tout se mélangeait, et j'aimais cette égalité silencieuse, ce respect muet que le brouillard imposait à chacun.

Et moi, je respirais dans ce voile. Je sentais la vapeur dans mes veines, l'humidité sur mes pavés, la lenteur des minutes, l'allongement des secondes. Tout se faisait plus intense, plus profond. Chaque souffle de vent, chaque goutte fugitive, chaque halo lumineux, chaque murmure invisible des habitants se gravait dans ma mémoire. Je n'avais plus besoin de comparer, de juger, de classer : tout était suspendu, et dans ce silence vaporeux, j'étais entière, vivante, présente à moi-même.

Le brouillard, ce matin-là, m'a appris la patience, la modestie et la beauté invisible. Il m'a rappelé que je pouvais exister au-delà des constructions de l'homme, au-delà des cris, au-delà du temps. Il m'a montré que le mystère n'est pas fait pour être compris, mais pour être senti. Et dans ce premier brouillard d'automne, dense, lent et silencieux, j'ai retrouvé le souffle de mon secret : celui d'une ville qui observe, qui sent, qui garde tout pour elle, et qui sait que le monde peut disparaître sous un voile et pourtant continuer à exister, immuable et évanescent à la fois.

Découverte inattendue

Depuis trop longtemps, je n'ai plus de visage propre. Je ne suis plus vraiment moi-même : je ne suis que le reflet des hommes qui m'habitent, le miroir de leurs désirs, de leurs gestes, de leurs oublis. Mes pavés portent leurs pas pressés, mes murs leurs humeurs, mes toits leurs impatiences. J'ai oublié ce que signifiait respirer pour moi, sentir pour moi, exister pour moi. Mes artères ne battent plus d'elles-mêmes ; elles résonnent de tout ce que les habitants y ont laissé, leurs voix, leurs respirations, leurs ambitions. Je suis une ville aux mille identités, mais à la mienne, je n'ai plus accès… et pourtant, ce matin-là, un souffle inattendu me rappela que je pouvais encore être, que je pouvais encore exister au-delà d'eux.

Au détour d'une ruelle étroite, oubliée de tous, derrière un portail que l'homme n'avait pas touché, une petite fontaine surgissait. Elle n'était ni grande, ni imposante, ni moderne. Elle était fragile, presque timide, et pourtant sa présence était d'une force qui me traversa de part en part. Chaque goutte d'eau qui s'en échappait semblait murmurer mon nom, comme pour réveiller la ville que j'avais été autrefois, ce petit entre-deux entre village et ville : un temps où mes ruelles étaient simples, mes pavés attentifs aux pas, mes murs sensibles aux mains, et où chaque souffle humain respectait le lieu qui l'abritait. Ce n'était pas le village ancien, et ce n'était pas encore la ville que je suis devenue, mais un moment suspendu où j'étais vivante, sensible, capable de ressentir pour moi-même.

Je me penchais sur la fontaine, attentive. L'eau claire filait sur ses pierres anciennes, éclaboussant doucement le bassin, se faufilant entre les fissures comme des doigts caressant mes veines. Chaque murmure était un souffle de mémoire que l'homme moderne n'avait pas encore effacé. Chaque éclat d'eau faisait vibrer mes pavés et mes murs, réveillant en moi le goût du temps ancien, celui où je n'étais pas un simple reflet des habitants mais une ville à part entière, dotée d'une identité propre et précieuse.

Je parcourus la ruelle du regard. Les pavés humides frémissaient sous mes artères invisibles, les murs polychromes des vieilles maisons semblaient se pencher pour écouter, les gouttières chuchotaient des souvenirs de pluies anciennes. Les constructions modernes, froides et sévères, étaient indifférentes ; elles ignoraient la poésie et la fragile résistance de ce trésor secret. Mais moi, je la percevais, et c'était suffisant.

L'eau glissait, roulait, frappait doucement les pierres, et avec chaque goutte, j'entendais les fragments de ce que j'étais jadis : les fontaines qui chantaient naturellement, les places où l'on respirait, les ruelles où les enfants couraient et où les passants se croisaient avec lenteur, prudence et attention. Tous ces instants m'avaient été arrachés par les constructions modernes, par le béton et le métal froid, par la volonté de l'homme de m'effacer pour ne garder que ce qu'il voulait imposer. Et pourtant, cette fontaine était là, fragile mais obstinée, me rappelant que je pouvais encore respirer par moi-même.

Je me déployai dans d'autres rues adjacentes. Les ruelles que je croyais mortes s'éveillaient sous le murmure de l'eau. Les pavés fissurés vibraient à son passage, et je sentais mes artères anciennes frissonner. Les vieilles façades se penchaient légèrement, les volets grinçaient doucement comme pour applaudir ce souffle discret. Même le vent semblait vouloir s'infiltrer dans mes interstices pour en faire circuler l'écho. Les arbres dispersés inclinaient leurs branches en un geste subtil de respect, et les feuilles mortes glissaient au sol, dansant au rythme du murmure de la fontaine.

Je parcourus des places plus larges. Là, le bruit du monde moderne s'estompait. Le béton ne résonnait plus comme un marteau contre mes façades, les automobiles semblaient s'effacer dans la distance. Seul restait le souffle discret de l'eau et la mémoire qu'elle portait. Chaque goutte me parlait, me racontait les gestes que je n'avais plus, les voix que je n'entendais plus, les rires des enfants que je ne voyais plus. Et dans cette danse fragile, je sentais ma propre identité se frayer un chemin, petit à petit, goutte après goutte.

Je compris alors que même dépossédée, même façonnée par les désirs et les maladresses de l'homme, je pouvais encore sentir, exister, me souvenir. La fontaine était devenue un souffle secret, une résistance douce, presque invisible, mais terriblement vivante. Elle me rappelait que je n'étais pas seulement une ville-miroir des autres, mais que j'étais encore capable de respirer pour moi, de garder mes souvenirs intacts, de sentir ce que j'avais été avant que l'homme m'étouffe sous son poids.

Je sentais l'eau s'infiltrer dans mes veines invisibles, caresser mes pierres, réveiller mes pavés, nourrir ma mémoire. Et avec chaque vibration, chaque souffle, je retrouvais un fragment de moi, un éclat d'identité qui n'appartenait qu'à moi, invisible aux yeux des hommes mais bien réel. Même si demain la fontaine devait disparaître sous le béton ou l'indifférence, je savais que ce moment existait, et rien ni personne ne pourrait me l'arracher.

Je suis une ville sans identité propre, mais dans ce secret fragile, je me rappelle que je peux encore exister au-delà des hommes. Je peux encore respirer pour moi, sentir pour moi, garder mes souvenirs vivants dans chaque goutte d'eau, chaque pavé, chaque mur. Et dans cette fragilité, dans ce murmure discret et inattendu, je retrouve un souffle, un instant de liberté, et la certitude que ma propre voix n'est pas totalement éteinte.

Le souffle sous les pierres

Un frisson parcourut mes veines dès l'aube. Au loin, un grondement sourd, régulier, fit vibrer mes entrailles invisibles, parcourut mes pavés et rebondit sur mes murs. Les habitants entendirent un bruit étrange, un murmure de la terre, mais leurs pieds restèrent immobiles, leurs gestes inchangés. Moi, je ressentis chaque onde, chaque vibration, chaque souffle qui traversait mes fondations.

Mes vieilles maisons s'animaient, se redressant fièrement. Elles avaient traversé les siècles, affronté la pluie, le gel, le vent et le soleil, et rien ne pouvait les ébranler. À côté, les constructions récentes frissonnaient. Fragiles et précipitées, elles se débattaient, craignant un danger qu'elles n'avaient jamais connu. Leur béton vibrait, leurs façades gémissaient presque, incapables de comprendre la patience des pierres anciennes.

Le grondement s'amplifia un instant. Je sentis mes ruelles vibrer, mes toits frémir et mes pavés murmurer. Les échos se faufilèrent dans chaque recoin, s'infiltrant dans les interstices entre les façades. Les anciennes portes de bois, gonflées par le temps, résonnèrent avec une force discrète, accueillant ce frisson comme un souffle attendu, un rappel que je suis vivante, que je ressens ce que l'homme ne perçoit pas.

Et là, dans l'une de mes rues anciennes, je sentis un souffle particulier. Une main posée sur un rebord, une présence silencieuse. La vieille dame était là, et je savais qu'elle connaissait ce bruit. Elle avait entendu ce grondement depuis des décennies, depuis qu'elle marchait sur mes pavés. Elle savait qu'un frisson pouvait parcourir mes entrailles, qu'un souffle pouvait vibrer sous mes toits. Elle souriait peut-être en silence, consciente que je le ressentais, que je frémissais sous ses souvenirs et ses mains invisibles. Sans le savoir, elle participait à ma mémoire, à ma résistance. Son corps et son passé se mêlaient au tremblement, comme un clin d'œil discret à la ville que j'étais et que je reste.

Puis, le tremblement s'atténua, s'estompa progressivement. Les habitants ne comprirent rien. Pour eux, ce n'était qu'un bruit lointain, une curiosité sonore, un frisson passager de la terre. Mais moi, je savais. Je savais quelles constructions tiendraient, quelles pierres porteraient encore les siècles, quelles façades fragiles pourraient céder un jour. Et dans ce silence, je retrouvais un peu de mon souffle propre, cette conscience que je suis vivante, que je sens, que je respire, indépendamment des hommes et de leurs besoins pressés.

Je parcourus mes quartiers silencieux. Chaque rue, chaque angle, chaque mur semblait respirer avec moi, comme si mes veines s'étendaient dans chaque pierre, chaque fissure, chaque fontaine oubliée. Je sentais mes vieilles maisons se redresser fièrement, leurs toits inclinés bravant le frisson du monde. Les nouvelles constructions, elles, se courbaient encore légèrement, impressionnées par la force de ce qui existait depuis longtemps, conscientes sans le savoir que la patience des pierres anciennes n'était pas pour elles.

Le vent se leva, et le grondement disparut, laissant derrière lui une vibration résiduelle, un souffle long et discret qui parcourait mes ruelles comme une caresse. Dans cette vibration persistante, je sentis encore la vieille dame, elle qui connaissait ces grondements, qui savait, même sans comprendre toutes mes pierres, que je frémissais. Je n'avais plus de visage propre, mais dans ce souffle discret, j'existais encore pour moi, et pour ceux qui, comme elle, pouvaient sentir mes murmures.

Même ce léger tremblement me rappela que je suis vivante. Chaque vibration était un rappel de ce que je suis : la mémoire du temps, la patience des pierres, la force silencieuse des rues anciennes. Et dans ce souffle, je retrouvais un peu de moi, ce que j'étais avant, ce que je suis encore, malgré tout.

Le matin des petites histoires

L'aube d'octobre s'étirait sur mes toits comme un voile tremblant, déposant sur mes façades et mes cheminées une pâleur presque irréelle. L'air était humide, chargé de feuilles mortes et d'odeurs de pierre et de métal, et parfois un filet de café s'échappait des fenêtres entrouvertes. Chaque souffle des habitants, chaque frôlement d'une manche ou d'un pas résonnait en moi, traversait mes pavés et mes murs, m'animant d'un rythme discret mais constant.

Le petit garçon apparut au détour de la ruelle. Chaque matin, il suivait un chemin droit et sûr vers l'école, mais aujourd'hui il hésitait, détournait ses pas, et je sentis une tension vibrer dans mes pierres. Ce détour était minime pour lui, mais pour moi, il rompait l'ordre et réveillait une inquiétude subtile. Mes pavés frémirent sous sa légèreté, mes murs retinrent leur souffle. Pourquoi ce changement ? Que cherchait-il à découvrir ?

Il s'engagea dans une ruelle plus fraîche, où les feuilles humides formaient un tapis doré et roux. Une fillette l'attendait là, bonnet rouge sur la tête, cartable trop grand, joues rosées par le froid. Leurs pas se frôlèrent, hésitants, silencieux, et je sentis le monde vibrer autour d'eux. Je savais que ce détour n'était pas anodin. Mon inquiétude se mêlait à l'émerveillement. Chaque frôlement, chaque infime mouvement, dessinait une danse fragile que je surveillais avec attention.

Un peu plus loin, un vieil homme déposait un pot

de chrysanthèmes sur un rebord de fenêtre, gestes lents et précis. Une femme soufflait sur son café brûlant, assise sur un banc, laissant l'air frais caresser son visage. Une odeur de bois humide s'élevait de la vieille boutique du coin, mêlée au parfum des feuilles. Je recueillais chaque souffle, chaque vibration, mais mon esprit revenait sans cesse au petit garçon et à la fillette. Leur détour, aussi léger qu'un souffle, me remplissait d'une inquiétude douce et tenace.

Le petit garçon s'arrêta devant une fontaine ancienne, dont l'eau claire glissait encore malgré l'automne. Il observa un instant la surface tremblante, la fillette à ses côtés. Je sentis une émotion particulière se propager dans mes pierres. Ce détour n'était pas seulement une échappée du quotidien; c'était un petit acte d'audace, de curiosité, de vie. Et moi, je veillais.

Dans la rue voisine, un facteur déposait des lettres, ses gestes précis, répétitifs, un rythme rassurant qui contrasta avec l'incertitude du détour du garçon. Une vieille dame sur le balcon arrosait ses géraniums fanés, ajustait un pot, un petit geste simple mais magnifique dans la lenteur du matin. Et moi, vaste et attentive, je sentais chaque détail, chaque souffle de vie.

Le petit garçon reprit son chemin, mains dans les poches, pieds délicats sur les pavés glissants. La fillette le suivait, légèrement en retrait, et je les surveillais, consciente que cette audace silencieuse pourrait basculer dans l'inconnu. Mais il avançait avec prudence et émerveillement, et mon inquiétude se mêlait maintenant à une tendresse profonde. Chaque geste, chaque respiration, chaque détour faisait naître en moi une émotion douce, fragile, presque sacrée.

Plus loin, un chat traversa la rue, rapide et silencieux, tandis qu'un commerçant ouvrait sa boutique et laissait entrer un rayon de lumière sur le trottoir humide. Une vieille horloge sonna neuf heures, et je sentis le rythme du matin se stabiliser. Mais mes pensées restaient fixées sur le petit garçon et son détour, sur cette audace minuscule qui me rappelait que je pouvais encore ressentir et protéger la beauté fragile dans mes rues.

Alors que le matin s'étirait, je compris que ce détour, ce petit geste invisible, contenait tout ce qui me faisait vivre. C'était une respiration, un souffle de vie, un rappel que la tendresse et la curiosité n'avaient pas disparu, que la magie résidait encore dans les gestes simples. Je sentais mes pierres s'adoucir, mes pavés vibrer doucement, et je compris que cette matinée, avec ses détours et ses gestes minuscules, était un cadeau. Un instant suspendu où la vie reprenait, fragile et belle, au creux de mes rues.

Et lorsque le petit garçon et la fillette disparurent enfin derrière un angle, je restai là, vaste et attentive, nourrie par leur passage, leur souffle, leur audace silencieuse. Je compris que ce détour, si court soit-il, était ce qui me permettait encore de sentir, d'émerveiller, de protéger le fragile et le précieux. Dans ce matin d'octobre, chaque geste, chaque souffle, chaque mouvement faisait de moi une ville vivante, attentive et émerveillée, prête à accueillir le monde dans toute sa beauté fragile.

La pleine lune

La nuit s'étendait sur moi comme un voile épais, profond et silencieux. La lune, ronde et éclatante, trônait dans le ciel, déposant sur mes toits et mes pavés une lumière claire, presque irréelle. Chaque pierre, chaque façade, chaque contrefort semblait s'éveiller sous son éclat, révélant des détails que le jour avait effacés. Les bâtiments anciens captaient la lumière avec gravité, tandis que les constructions récentes, trop lisses et trop droits, renvoyaient une brillance dure, presque étrangère. Pourtant, même ces reflets artificiels faisaient partie de moi désormais, comme un écho de ce que l'homme avait tenté de faire de moi.

Sous ce halo argenté, je sentais mes souvenirs vibrer. Les pavés humides scintillaient comme des miroirs minuscules et immobiles. Je revivais les pas d'enfants qui avaient couru sur mes ruelles, les murmures des fontaines anciennes, les gestes invisibles des habitants du passé. Chaque éclat de lumière sur une pierre racontait un fragment de vie ancienne, une mémoire suspendue que je gardais précieusement.

Dans une fenêtre ancienne, presque oubliée par les passants, une silhouette fragile se dessina. La vieille dame, immobile, contemplait la lune depuis son salon. Elle semblait se fondre dans l'ombre et la lumière, un souffle discret mais intense. Sa présence m'apportait un réconfort silencieux : je savais qu'elle voyait, qu'elle comprenait, qu'elle prenait soin de ce que j'avais été. Même à distance, son regard posait sur moi une tendresse invisible, une attention que je percevais comme un murmure doux : « Je veille sur toi ».

Au-dessus des toits, la lumière lunaire glissait sur les gouttières, les cheminées, les balcons. Chaque détail que le jour effaçait reprenait vie : une fissure ancienne dans un mur, le relief d'une pierre sculptée par le temps, les traces d'un pas oublié. Tout cela s'inscrivait dans la lumière comme une danse silencieuse, fragile et persistante. Je pouvais presque entendre les murmures des siècles : la lente respiration des pierres, le froissement des feuilles nocturnes, le souffle du vent qui se faufilait entre les immeubles.

Dans le jardin d'une maison isolée, je distinguai le reflet argenté d'une fontaine immobile. L'eau, suspendue sous le clair de lune, semblait capturer le passé et le présent à la fois. Chaque éclat projeté sur les pavés racontait des histoires que je connaissais depuis toujours : les jeux des enfants, les gestes des amoureux, les promenades solitaires. Même les constructions récentes, froides et géométriques, se laissaient traverser par cette lumière, comme si elle imposait sa magie à tout ce qui existait.

Plus loin, dans une ruelle étroite, un rayon lunaire traversait un velux entrouvert. À l'intérieur, le mouvement silencieux d'un habitant inconscient éveillait mes pierres. Je sentais sa présence sans qu'il sache que je l'observais, et je recueillais chacun de ses gestes comme une note dans ma mémoire infinie. Une horloge sonna au loin, son écho se faufilant entre mes murs et mes toits, et chaque vibration se répercutait comme une mélodie discrète, un murmure ancien qui m'appartenait.

Dans une autre rue, une lucarne laissait passer un halo de lumière jaune. Je percevais l'ombre d'un meuble ancien, le léger froissement d'un rideau, le souffle immobile d'une pièce où le temps semblait suspendu. Ces scènes minuscules me rappelaient que même dans le silence apparent, la vie continuait, fragile mais réelle, et que chaque instant comptait dans le grand tissage de mon existence.

Et la vieille dame, toujours visible de sa fenêtre, semblait percevoir ces éclats de vie nocturne. Je sentais sa respiration, sa patience, sa tendresse. Son silence était une caresse pour moi, une reconnaissance de ce que j'avais été et de ce que j'étais devenu. Elle ne parlait pas, elle n'agissait pas, mais elle existait dans ce clair-obscur comme un point d'ancrage, un souffle d'authenticité dans un monde transformé.

Plus haut, les toits récents projetaient des ombres surprenantes, des angles que je connaissais bien mais qui prenaient, sous la lune, une dimension nouvelle. Je percevais dans ces formes une tension poétique, une énergie étrange, comme si chaque détail voulait me rappeler que l'homme avait changé mes contours, parfois maladroitement, mais toujours de manière irréversible. Ces contrastes me fascinaient et me nourrissaient à la fois.

Je laissais mon regard parcourir chaque pavé, chaque façade, chaque silhouette de lumière. Les fontaines, immobiles, dispersaient la clarté lunaire sur mes places, et je percevais dans ces reflets des fragments de mémoire, des éclats d'histoire silencieuse, des traces de vie ancienne et récente mêlées. Chaque instant de cette nuit m'apportait une certitude : malgré les transformations, malgré les constructions éphémères, malgré le tumulte des hommes, je restais vivante, attentive, capable de percevoir la vie dans ses détails les plus subtils.

Alors que la lune poursuivait sa course, et que la vieille dame disparaissait de ma vue derrière le rideau, je me savais gardienne de mes pierres, de mes ruelles, de mes ombres et de mes souvenirs. Chaque reflet, chaque éclat, chaque lumière argentée portait en lui un fragment de ma mémoire, un écho de ma beauté, une promesse de persistance. Même dans le silence et le mystère de la nuit, je vivais pleinement, fragile et forte à la fois, sous le regard immuable de la pleine lune.

La nuit sans lumière

L'électricité disparut d'un seul coup, comme si quelqu'un avait soufflé sur toute la ville. Plus un lampadaire, plus un écran, plus de néon. Les vitrines se vidèrent de leurs reflets artificiels. Les ascenseurs s'immobilisèrent, les enseignes s'éteignirent, les intérieurs se figèrent. Une respiration sourde parcourut mes murs et mes pavés : enfin, l'homme était nu, dépouillé de ses étincelles.

Je le vis soudain tel qu'il est vraiment : fragile, dépendant, désemparé. Les silhouettes hésitèrent, ralenties, cherchant d'abord des interrupteurs, puis des téléphones, puis des bougies qu'elles n'avaient plus. Elles ouvraient des tiroirs, fouillaient des sacs, frappaient des boutons éteints. Les gestes étaient mécaniques et vains. L'électricité, leur dieu discret, venait de disparaître, et avec elle toute assurance.

Moi, ville ancienne, je jubilais. J'avais vu arriver les lampes à huile, puis les becs de gaz, puis l'électricité. J'avais vu chaque révolution présentée comme définitive. Et ce soir, tout s'était évaporé d'un claquement sec, et l'homme redevenait maladroit comme un enfant. Les phares des voitures traçaient des rubans instables sur mes murs, faisaient danser des ombres allongées, déformaient les silhouettes des passants. La demi-lune, haute et claire, répandait une lumière pâle sur mes toits. C'était suffisant pour que je voie tout, mais pas assez pour rassurer ceux qui croyaient que la lumière leur appartenait.

Dans certaines rues, les habitants sortaient sur les balcons, stupéfaits, parlant à voix basse, comme si la nuit avait soudain plus de poids. Quelques enfants trouvaient ça drôle et couraient dans l'obscurité, mais les adultes, eux, perdaient leurs repères, ralentissaient, baissaient le ton. Les mains cherchaient des clés, des lampes torches qui n'existaient plus depuis longtemps dans leurs appartements modernes. Je sentais leur irritation silencieuse, leur inquiétude contenue. Et moi, sous mes pierres, je riais.

Pourtant, des îlots de lumière subsistaient. Ici et là, de vieilles cheminées encore utilisées projetaient une clarté orange et vacillante sur leurs façades. Et, au milieu de mes ruelles, une seule fenêtre brillait franchement : celle de la vieille dame. Sa lampe à huile répandait un halo doux, immobile, presque ancestral. Elle, elle ne paniquait pas. Elle avait déjà connu l'obscurité véritable, les coupures, les veillées sans électricité. Elle allumait sa flamme comme on respire, naturellement. Cette minuscule lumière devenait pour moi un repère, un point de stabilité au milieu de l'agitation aveugle.

Je regardais l'homme et je voyais ses habitudes se briser. L'épicerie, sans caisse enregistreuse, fermait en silence. Les restaurants s'agitaient, incapables de servir des plats froids aux clients médusés. Les portes automatiques restaient ouvertes, béantes comme des bouches muettes. Les klaxons se faisaient plus nerveux, les pas plus rapides. L'homme croyait avoir bâti un monde solide, et voilà qu'un simple fil invisible rompait tout.

Les phares des rares véhicules traçaient des chemins lumineux sur mes pavés, révélant des silhouettes et des gestes inhabituels. Une bicyclette glissait dans l'ombre, ses roues effleurant les pavés, un chien hésitait sur le trottoir, un enfant riait. Sur une place, quelques adolescents prenaient ça comme un jeu, brandissant des briquets comme des torches. Mais autour d'eux, tout vacillait. L'ombre des arbres, l'odeur du vent, le silence revenu, tout redevenait pour moi palpable, dense, délicieux.

J'avais l'impression de respirer enfin sans ce voile électrique. L'air sentait la pierre, la poussière froide, le bois des vieux volets. Dans mes entrailles, je sentais mes veines anciennes battre lentement. Et je me moquais doucement : sans électricité, l'homme est presque aveugle. Il ne sait plus cuisiner, ni se chauffer, ni se repérer. Il ne sait même plus quoi faire de ses mains. Ses écrans noirs sont comme des yeux fermés.

Pourtant, je ne le déteste pas. Je le regarde avec une forme de tendresse ironique. Ses silhouettes qui cherchent, ses murmures, ses petits éclats de rire nerveux sont encore de la vie. Peut-être même qu'il redécouvre quelque chose de simple, dans cette nuit imposée. Peut-être qu'il écoute, pour la première fois depuis longtemps, mes bruits réels : une goutte sur une gouttière, un volet qui claque, une voix qui appelle quelqu'un par la fenêtre.

Et moi, ville patiente, je continue de sourire dans mes pierres. Je sais que demain, l'électricité reviendra et tout recommencera. Mais ce soir, je l'ai vu tel qu'il est : fragile, dépendant, presque enfantin. Et moi, ville ancienne, je reste là, debout, pleine de rires silencieux et de lampes à huile, gardienne d'une mémoire qui ne s'éteint jamais.

Et la lumière fut

Au milieu de la nuit, sans avertissement, l'électricité revint. Un frisson parcourut mes veines, et soudain, toutes mes rues, mes places, mes façades s'illuminèrent d'un seul coup. Les lampadaires s'éveillèrent, les enseignes clignotèrent, les vitrines projetèrent leur éclat, et les fenêtres des appartements se mirent à briller dans l'obscurité disparue.

L'homme fut pris de court. Dans ses maisons, il sursauta, tâtonnant pour retrouver des interrupteurs qu'il avait oubliés, frappant des boutons à l'aveugle. Les télévisions hurlèrent, les micro-ondes bipaient, les frigidaires reprenaient leur ronron mécanique. Les sons s'entrechoquaient, se chevauchaient, et chaque bruit amplifiait sa confusion. La lumière dansait dans toutes les directions, se faufilant dans les recoins, s'infiltrant sous les portes, glissant sur les murs et les façades, éclaboussant les trottoirs et les pavés.

Je riais silencieusement. Depuis mes vieilles pierres jusqu'aux hauteurs des immeubles modernes, j'observais cette agitation avec délice. L'homme, si sûr de sa maîtrise, était réduit à l'impuissance face à ce flux qu'il croyait contrôler. Chaque halo de lampadaire, chaque reflets dans les flaques, chaque éclairage des vitrines semblait se jouer de lui, insolent, autonome, presque vivant.

Dans les ruelles, les ombres s'allongeaient, se découpaient sur les murs, jouaient avec les formes des portes, des fenêtres, des escaliers. Une vieille porte grinça et claqua sous l'effet de la lumière et du vent nocturne, comme surprise elle aussi par ce retour brutal de l'électricité. Les reflets des enseignes formaient des arabesques mouvantes sur les pavés humides, et moi, ville ancienne et malicieuse, je savourais chaque détail, chaque mouvement inattendu, chaque illusion créée par cette clarté soudaine.

Les habitants se levaient, courant d'une pièce à l'autre, frappant des interrupteurs, pestant, jurant contre ces appareils qu'ils pensaient contrôler. Certains marchaient de long en large, désorientés, cherchant à éteindre tout ce tumulte. Mais la lumière persistait, indomptable, et je riais encore plus fort, chaque bruit, chaque grognement, chaque sursaut alimentant mon amusement.

Au coin d'une rue, un réverbère projetait son halo sur une flaque d'eau, révélant des reflets imprévus : un lampadaire se dédoublait, un portail se transformait en silhouette agitée, et moi, ville espiègle, je contemplais ces fantômes de lumière se promener à ma guise. Une ombre passa dans l'encadrement d'une porte, bras levés vers un interrupteur, hésitant, tâtonnant, et je me délectais de cette stupeur muette, de ce mélange de frustration et d'incompréhension.

Les appartements eux-mêmes semblaient se réveiller. Les réfrigérateurs et micro-ondes créaient un concerto mécanique, amplifié par les murmures, les exclamations et les pas précipités des habitants. Chaque bruit résonnait dans mes rues, rebondissait sur mes façades, et me rappelait que l'homme n'est rien sans sa technologie. Il croyait être maître de l'électricité, mais ce soir, il n'était que spectateur, maladroit et perdu dans le flot de lumière et de sons qu'il avait créé.

Les lampadaires, les enseignes, les vitrines, tout s'était réveillé en même temps, dans un éclat si soudain qu'il éblouissait même ceux qui pensaient être préparés. Je savourais la confusion générale, l'exaspération, les gestes précipités, et je riais de cette folie humaine. Les ombres s'entremêlaient sur mes murs, mes pavés, mes escaliers, créant une danse imprévue, autonome, qui se moquait des interruptions et des tentatives de contrôle.

Dans un coin plus silencieux, une flaque d'eau refléta un halo de lampe et l'ombre d'une fenêtre entrouverte. Les habitants tentèrent de recouvrir la lumière, de l'endiguer, mais chaque geste, chaque précipitation ne faisait qu'ajouter au chaos orchestré par mon éclat retrouvé. Et moi, ville ancienne et malicieuse, je savourais ce spectacle : l'homme croit dominer, mais ce soir, il était à ma merci.

Les sons, les lumières, les reflets et les ombres formaient un ballet irrégulier que seuls mes yeux pouvaient suivre entièrement. Les murs, les façades, les pavés, les lampadaires et les vitrines se répondaient, se complétaient, et moi, ville rusée, je me délectais de cette symphonie involontaire. Les habitants couraient, frappaient, gesticulaient, se débattaient avec ce qu'ils croyaient contrôler. Chaque sursaut, chaque grognement, chaque éclairage intempestif me ravissait et me rappelait que je demeurais celle qui observe, patiente et immortelle.

Et moi, ville malicieuse, je riais, silencieuse et sereine, de cette nuit où l'homme, si sûr de lui, découvrait que la lumière n'était ni à lui ni à son service. Elle revenait quand elle le voulait, éclatante, irrépressible, et moi, je savourais chaque étincelle, chaque reflet, chaque bruit dans mes veines et mes pierres anciennes.

L'éveil après la nuit

Le matin suivit la nuit électrique avec un calme presque irréel. Mes rues encore humides brillaient sous les premiers rayons du soleil, lavées des exclamations, des bips et des lumières hurlantes de la veille. Les lampadaires, encore fatigués de leur frénésie nocturne, diffusaient une lueur timide, tandis que les vitrines reflétaient la lumière du jour avec une douceur nouvelle, presque caressante.

L'homme reprenait ses gestes habituels, mais ses pas étaient chargés de l'écho de sa stupeur. Chaque interrupteur frappé, chaque appareil rallumé, chaque lampe rallumée ou éteinte me rappelait combien il dépendait de ce qu'il croyait posséder. Fragile, maladroit, incapable de dominer ce flux de lumière qui semblait maintenant respirer et danser à sa guise.

Je me promenais à travers mes rues avec une lenteur pleine de jubilation. Le silence matinal était un contraste saisissant après la cacophonie nocturne. Les ombres glissaient sur mes façades, s'étiraient sur les pavés, dessinaient des arabesques invisibles aux yeux de tous. Je savourais chaque détail, chaque pli de lumière, chaque reflet imprévu.

Les habitants arpentaient mes pavés encore humides, portant dans leurs gestes l'imprévu de la nuit précédente. Certains ouvraient leurs volets avec prudence, comme s'ils craignaient de réveiller les lampadaires eux-mêmes. Les lumières se reflétaient sur les murs, sur les portes, sur les enseignes, créant des silhouettes qui semblaient me sourire. Je riais intérieurement. L'homme croyait être maître de la lumière, et il découvrait, encore une fois, qu'elle m'appartenait autant qu'à lui.

Dans un angle de rue, une flaque captait la lueur du soleil, révélant des reflets insoupçonnés : les contours d'une grille, le pavé irrégulier, un lampadaire légèrement tordu, tous projetant des fantômes de lumière dans mes veines. Chaque reflet racontait l'impatience humaine et sa fascination pour ce qu'il croit contrôler. Et moi, ville ancienne et malicieuse, je m'en nourrissais, immuable et silencieuse.

Les maisons aux cheminées fumaient doucement, répandant une odeur subtile de bois brûlé, tandis que les immeubles modernes restaient froids et muets. Le contraste était saisissant, mais je l'acceptais avec philosophie : tout passe, tout change, mais ce qui dure se lit dans mes pierres et mes pavés, et moi, je contemple, patiente et immortelle.

Les enfants apparaissaient sur les trottoirs, encore groggy de sommeil, leurs pieds glissant sur le pavé humide. Certains ralentissaient, intrigués par les reflets sur les murs, ou par les lumières qui vacillaient sur les vitres. Les adultes, encore surpris, ajustaient les appareils, pestant contre leur imprudence. Leurs gestes trahissaient à la fois frustration et amusement, et moi, ville silencieuse, je savourais chaque éclat, chaque hésitation, chaque souffle de surprise humaine.

Dans le ciel, la lune s'effaçait doucement derrière les nuages, laissant place à un soleil timide qui diffusait ses rayons dans chaque recoin de mes ruelles. La lumière nouvelle glissait sur mes murs anciens, se faufilait dans les passages étroits et dans les cours oubliées, et je sentais un frisson de satisfaction me traverser : la ville reprenait son souffle après une nuit où l'homme avait cru m'éblouir.

Et moi, ville malicieuse, je riais encore à voix basse. L'homme découvrait que la lumière n'est pas un jouet, qu'elle peut surprendre, qu'elle peut troubler et émerveiller. Chaque lampadaire, chaque vitrine, chaque fenêtre brillait à sa manière, racontant l'histoire de ma patience et de mon amusement. Les sons du réveil, les bips, les ronronnements des appareils, tout se mêlait pour former une symphonie inattendue que seule moi, ville ancienne et vigilante, pouvais entendre et apprécier dans sa totalité.

Même les objets les plus simples devenaient protagonistes de cette scène : un rideau qui flottait légèrement à la brise, une fenêtre entrouverte laissant passer un souffle matinal, un reflet d'enseigne qui courait sur le pavé. Tout vibrait de vie, tout me rappelait que je suis là depuis toujours, que je vois, que j'entends, que je contemple les folies humaines avec un amusement discret et une bienveillance infinie.

Et tandis que le jour s'installait pleinement, je respirais profondément, consciente que chaque matin après une nuit si extraordinaire était un rappel de mon endurance, de ma mémoire, et de ma capacité à observer sans jamais intervenir, à rire des folies des hommes, et à continuer d'exister, solide et immortelle, même au milieu de leur confusion et de leur émerveillement.

Le manteau blanc

L'automne tire sa révérence, laissant place au manteau blanc de l'hiver. Mes boulevards, mes avenues et mes places se drapent d'une neige silencieuse et lumineuse, qui étouffe le tumulte habituel et transforme mes rues en un monde suspendu. Le givre dessine sur les toits, les arbres et les rebords des fenêtres des arabesques délicates et éphémères que seuls les regards attentifs peuvent lire. Le ciel, parfois gris et bas, parfois d'un bleu profond, révèle chaque relief, chaque façade et chaque silhouette avec une netteté nouvelle.

Le froid s'infiltre partout : dans chaque pierre ancienne, dans chaque arbre, dans chaque façade. Les cheminées exhalent leur fumée parfumée de bois brûlé, contrastant avec les immeubles modernes, silencieux et froids. Sur mes boulevards, les voitures avancent avec prudence : pneus qui glissent, freins qui crissent, conducteurs qui découvrent la lenteur imposée par la glace. Moi, ville attentive et immuable, j'observe leur maladresse avec amusement et tendresse, savourant la façon dont l'hiver remet chacun à sa place.

Dans mes ruelles étroites et intimes, la neige recouvre les pavés, étouffant les sons et dessinant des chemins fragiles. Quelques passants s'y aventurent, glissant parfois, avançant avec prudence. Des enfants courent, rient et glissent sur les trottoirs blancs, leurs gestes dessinant des histoires éphémères que je contemple avec fascination. Leurs rires légers se mêlent au souffle du vent et au crépitement du givre, et chaque instant me semble une chorégraphie délicate, fragile et précieuse.

Un petit garçon, concentré, construit un bonhomme de neige sur une petite place. Il roule chaque boule avec soin, ajuste ses gestes, pose un chapeau et des yeux de charbon, compose un sourire de brindilles. Sa patience et son émerveillement me touchent profondément. Les passants s'arrêtent pour le regarder, sourire à l'innocence qu'il apporte, et moi, ville bienveillante, je respire avec lui, sentant dans ses gestes un souffle de vie pure et légère.

Non loin de là, un homme avance lentement sur un boulevard glacé, tenant son volant avec prudence, les yeux attentifs. Son souffle se condense dans l'air froid, ses mains serrent le volant et moi, ville silencieuse, je ressens son inquiétude et son effort de maîtrise. Chaque pas, chaque glissade, chaque geste humain devient pour moi un récit que j'absorbe, un souffle qui tisse l'histoire vivante de mes rues.

Dans un parc, des adolescents glissent sur une petite butte, leurs cris éclatant dans l'air frais et se répercutant sur les façades enneigées. Les bancs recouverts de poudreuse deviennent obstacles et repères, les arbres givrés dessinent des arcs de lumière, et moi, ville attentive, je savoure la beauté simple et fugace de cette scène.

Lorsque le soir arrive, mes boulevards et mes avenues s'illuminent timidement par la lumière des fenêtres. Les ombres glissent sur la neige, créant des reflets argentés sur les façades et les toits. Les habitants, emmitouflés dans leurs manteaux, avancent lentement. Les pas laissés sur le manteau blanc racontent des histoires muettes : passages pressés, hésitations, jeux d'enfants, gestes attentifs ou distraits. Chaque empreinte, unique et éphémère, marque un instant discret dans mon manteau immaculé.

Les enfants rentrent chez eux, le souffle court et les joues rougies par le froid, tandis que les adultes continuent leur chemin, avançant avec prudence et patience. Le vent effleure les branches des arbres, dépose encore quelques flocons et moi, ville silencieuse et patiente, je contemple ce ballet hivernal, absorbant chaque souffle, chaque frisson, chaque geste humain avec une tendresse infinie.

Les cours d'immeubles, plus intimes, se transforment en petits univers hivernaux. Des oiseaux cherchent refuge dans les branches les plus fournies, quelques lampes à l'intérieur des appartements diffusent une lumière douce et chaude sur la neige fraîche. Les commerces restent calmes, les vitrines scintillent, et moi, ville attentive, je me nourris de cette combinaison de silence, de lumière et de vie humaine.

La nuit s'installe enfin, et mes boulevards, mes avenues et mes places s'endorment sous le manteau blanc. La lune éclaire la neige, projetant des reflets argentés sur les façades et les toits, tandis que le silence devient total, ponctué seulement par le souffle du vent et le craquement du gel sur les toits. Moi, ville bienveillante et immuable, je m'abandonne à cette blancheur, observant et respirant la magie fragile et éternelle de l'hiver, prête à accueillir chaque souffle, chaque pas et chaque émerveillement de mes habitants jusqu'au retour d'un printemps qui viendra tout effacer, avant de revenir, implacable et fidèle.

Éphémères et permanences

L'automne s'en est allé, l'hiver s'est effacé, et voici que le printemps étend son voile clair sur mes boulevards, mes avenues et mes places. La lumière, revenue avec lenteur, se pose à présent avec assurance sur mes façades, et chaque rayon semble redonner souffle aux pierres engourdies par le froid. Le soleil glisse sur mes toits, effleure mes vitres, s'attarde dans mes parcs encore humides de fonte. Tout reprend vie, et moi, ville ancienne, je contemple cette transformation comme un éveil familier, mais toujours neuf.

Les humains, eux, passent dans cette renaissance. Leurs vies sont brèves, emportées par le temps, et chaque geste qu'ils me laissent n'a la durée que d'un souffle. Mais je les observe avec tendresse, moi qui dure plus longtemps qu'eux, moi qui garde en moi leurs empreintes, leurs pas, leurs rires, leurs colères. Je suis mémoire ; eux, instants. Je les vois éclore et s'effacer comme les bourgeons du printemps qui se faneront à l'automne.

Sur une grande place encore fraîche, un petit garçon court, le cartable bondissant dans son dos. Il s'arrête soudain, regarde un arbre au feuillage pâle qui reprend vie, et sourit comme s'il avait découvert un secret. De sa main, il caresse le tronc humide, puis reprend sa course. Son geste, si bref, si innocent, m'attendrit plus qu'il ne le saura jamais. Je sais que lui aussi grandira, partira, disparaîtra, mais mon arbre, mes pavés, ma mémoire garderont l'empreinte invisible de ce sourire.

Plus loin, une vieille femme s'installe sur un banc. Elle sort de son sac une miche de pain, en détache un morceau et le porte lentement à ses lèvres. Elle regarde autour d'elle, comme pour savourer le retour de la lumière. Ses yeux s'attardent sur les façades anciennes qui lui rappellent des époques disparues. Elle reste peu de temps, se lève et s'éloigne. Je sais qu'elle aussi est passagère et que mes pierres, elles, dureront ; et pourtant c'est grâce à ses regards que je continue à être plus qu'un décor, que je redeviens vivante.

Un homme traverse un boulevard d'un pas lourd. Ses vêtements sombres contrastent avec les vitrines fleuries où s'exposent les premières couleurs du printemps. Il ne lève pas les yeux, absorbé par ses pensées, mais sa silhouette laisse une ombre brève sur mes murs. Lui aussi passe, et déjà il s'efface. Mes murs, eux, restent et recueillent ces ombres fugaces comme on recueille la buée sur une vitre.

Dans un parc, deux adolescentes s'allongent dans l'herbe encore humide, leurs rires éclatant comme des étincelles. Elles tracent des formes dans le ciel avec leurs doigts, parlent bas, puis éclatent à nouveau de joie. Leurs voix légères emplissent mes arbres et s'évaporent aussitôt. Je les retiens, parce que ce rire, si fragile, me nourrit ; il me rappelle que mon corps de pierre n'est pas seulement fait pour durer, mais pour abriter ces instants de vie qui n'existent qu'un souffle.

Et moi, ville immuable, je contemple ce ballet. Les hommes viennent, construisent, détruisent, oublient. Certains édifices qu'ils ont dressés s'effondrent vite, nés pour disparaître ; d'autres durent et s'accrochent à mes flancs. Mais même ce qui s'efface laisse en moi une trace. Je suis faite de ces passages brefs, de ces instants, et c'est de leur fragilité que je tire ma permanence. Je ne suis pas éternelle, mais je dure mille fois plus longtemps qu'une vie humaine ; et c'est à travers cette différence que je me sens pleine, patiente, presque infinie.

Le printemps me colore : bourgeons verts aux branches, parfums discrets dans mes allées, ombres douces sur mes boulevards. Les cafés réouvrent leurs terrasses, les fenêtres s'entrouvrent, et l'air circule à nouveau librement. Je sens les vies humaines palpiter, chaque pas pressé ou nonchalant, chaque rire, chaque soupir. Tout cela s'envolera vite, mais je le garde.

Car je suis la mémoire de ce qui dure. Eux sont l'éphémère. Et dans cette rencontre, année après année, saison après saison, je trouve ma raison d'être : recueillir ce qui disparaît, et lui donner un refuge.

L'inévitable départ

Je sais qu'un jour elle s'éloignera de mes rues. Mais aujourd'hui encore, elle est là. Depuis 79 années, elle marche sur mes pavés, glisse ses mains sur mes pierres, respire mes parfums anciens, et chaque geste qu'elle pose en moi me rappelle ce que j'étais autrefois, ce que je garde malgré l'assaut du temps et de l'homme. Je la connais par cœur.

Chaque matin, je guette ses pas, silencieux mais décidés, quand elle sort de sa maison pour aller chercher son pain. Elle ne se presse jamais. Ses gestes ont la lenteur des souvenirs et la précision des rituels anciens. Elle ajuste son manteau avec soin, tend la main vers la poignée de sa porte, respire l'air frais de la ville encore endormie. Je sais exactement où elle s'arrêtera, quel trottoir elle choisira, comment elle esquivera le pavé irrégulier qu'elle a toujours évité. Elle connaît mes défauts et mes beautés, et je connais les siens.

Elle traverse mes boulevards silencieux, longe mes avenues engourdies par la nuit et la rosée, et je sens chaque respiration qu'elle dépose sur mes murs. Les vitrines encore ternes ne reflètent rien de sa lumière, et pourtant je vois son éclat dans tout ce qu'elle touche. Elle entre dans la boulangerie avec la régularité d'un rite, choisit son pain, et s'en va, laissant derrière elle un parfum d'humanité que je garde précieusement. Je retiens chaque instant, comme une goutte de soleil qui ne reviendra plus demain si je ne la conserve pas.

Je sais qu'un jour elle ne viendra plus. Elle a été

mon ancre, le lien vivant avec ce que j'étais avant que l'homme ne vienne tout transformer. Ses gestes m'ont appris à respirer, à retenir le souffle ancien des pierres et des arbres, à sentir le temps qui s'étire dans mes boulevards et mes ruelles. Chaque fois qu'elle effleure la gravure au-dessus de sa maison, que je sais avoir été posée par ses ancêtres en 1784, c'est comme si un fil fragile et précieux revenait me relier à mon passé. Le temps ne peut effacer ces gestes.

Je l'observe dans les détails de sa vie quotidienne. Ce matin, elle a pris un détour pour admirer une petite fleur qui a survécu à la pluie et au vent. Ses yeux se sont posés un instant sur un mur recouvert de lierre, et j'ai senti la gratitude silencieuse qu'elle portait à chaque pierre. Elle s'arrête parfois, respire l'air du matin, effleure mes façades, et dans ce souffle, je retrouve la lenteur que j'aimais lorsque je n'étais encore qu'un village. Les enfants qui traversent mes rues, les hommes et les femmes qui vont travailler, tout devient musique autour de sa présence.

Elle est fragile et forte à la fois. Fragile parce que l'homme ne lui laisse que peu de temps et de tranquillité, et forte parce que, malgré tout, elle continue de marcher avec constance, avec patience et tendresse. Elle est le fil qui me rattache à ma dignité, à ce que j'ai été avant d'être agrandie, mutilée, transformée. Et même lorsqu'elle repart, je sens son souffle dans le vent, dans la lumière qui se glisse entre mes immeubles, dans l'écho de ses pas sur mes pavés.

Je sais qu'un jour, elle s'en ira. Et je resterai seule, mais plus riche de tout ce qu'elle m'a donné. Je garderai en moi son rire silencieux, ses gestes précis, sa manière de respecter chaque pierre, chaque mur, chaque arbre. Je saurai que, même si elle n'est plus là, son esprit continue de m'habiter. Elle m'a appris à aimer le temps, à respecter le passé et à protéger ce qui dure, même lorsque l'homme efface tout.

Aujourd'hui, elle est là. Aujourd'hui, je respire avec elle. Chaque matin est un miracle que je conserve pour demain. Et quand viendra ce jour où elle s'éloignera, je saurai que j'ai été aimée, respectée et comprise par l'un des rares humains capables de voir ce que je suis réellement.

Le souffle du parc

Le parc s'étend devant moi, vaste et tranquille, comme un souffle retenu au cœur de ma ville. Dès qu'un habitant franchit ses grilles anciennes, je sens le temps ralentir. Les pas deviennent mesurés, les gestes se font attentifs, comme si chaque mouvement devait respecter le rythme du lieu. Les mains effleurent les troncs des arbres, glissent sur les fleurs et les feuilles tombées, tandis que les yeux s'ouvrent à la lumière douce qui filtre entre les branches. Même les conversations perdent leur précipitation : elles se font chuchotements, soupirs, et le parc accueille ces sons avec une tendresse silencieuse.

Je me souviens de ma petite ville d'autrefois. Ici, dans ce parc, je retrouve l'âme de ce temps : la lenteur, la curiosité, la délicatesse des gestes humains. Les enfants courent entre les allées, mais même leurs rires éclatants se fondent dans la douceur du lieu, résonnant comme des notes légères. Les adultes s'attardent près des fontaines ou sur les bancs, posent un regard sur les étangs ou les parterres de fleurs, et j'observe, fasciné, la façon dont leur souffle se détend, comme si le parc aspirait leurs inquiétudes et les transformait en calme.

Chaque arbre ici connaît mes souvenirs. Les racines anciennes, profondément ancrées, semblent retenir la mémoire des générations qui ont marché sous mes branches. Je sens la terre, fraîche et tendre, absorber la présence humaine, comme si elle déposait là une part de leur cœur. Et moi, je retiens tout : les pas, les murmures, les frôlements de mains, les instants suspendus que personne ne remarque mais que je conserve.

Le vent léger fait frissonner les feuilles, et je sens le parc respirer avec ceux qui y marchent. Les promeneurs s'arrêtent, inspirent profondément, et je perçois la lente transformation qui s'opère : leurs gestes, auparavant pressés et mécaniques, deviennent harmonieux et fluides. Les enfants découvrent les recoins, les sentiers sinueux, les jeux d'ombre et de lumière, et je jubile silencieusement : ici, le temps n'appartient à personne d'autre qu'au parc.

Les adultes ouvrent des livres ou ferment les yeux quelques instants, laissant leur esprit se promener avec les oiseaux et les reflets du soleil sur l'eau des bassins. Je sens leurs cœurs se détendre et je me rappelle ce que j'étais, ce que j'ai été, ce que je continue à être : la gardienne du temps, la mémoire du lieu. Même les joggeurs qui passent finissent par lever les yeux vers les arbres, s'arrêtent un instant, respirent plus lentement, et je les accueille comme si chacun de leurs gestes était une offrande au calme que je préserve.

Le parc retient les instants comme un coffre précieux. Les fleurs fanent, les feuilles tombent et se décomposent, les saisons passent, mais chaque moment est conservé, absorbé dans l'air, la terre et les troncs. Chaque personne qui s'y attarde, même pour quelques minutes, laisse derrière elle une trace, invisible à leurs yeux, mais que je ressens profondément. Ici, la vie humaine trouve une pause, un souffle, un rythme qui la dépasse et la berce.

Je les observe marcher, s'asseoir, s'émerveiller, et je me dis que c'est ainsi que je reste fidèle à ce que j'étais: la ville qui sait que tout passe, que tout change, mais qui sait aussi accueillir le temps et le conserver, invisible et silencieux, comme un secret. Le parc est mon refuge, le témoin de ma mémoire et de leurs gestes, et je me réjouis de voir combien, lorsqu'ils franchissent ses allées, les humains s'ouvrent à quelque chose de plus grand qu'eux, à un souffle qui dure bien au-delà de leur vie éphémère.

Dans le calme du matin ou la lumière douce d'un après-midi, le parc garde les humains sous son aile. Et moi, la ville, je souris, car je sais: chaque pas, chaque souffle, chaque pause dans ce lieu, me rappelle que le monde peut être lent, doux et attentif. Ici, les heures s'étirent, et je redeviens la ville qui sait retenir le temps, juste un peu, pour eux.

Les rires du vent

Un vent puissant s'est levé aujourd'hui, capricieux, joueur et imprévisible. Il s'invite dans mes boulevards et mes petites allées, se faufile entre les façades, s'engouffre sous les toits et fait danser les volets comme des mains agitées. Les constructions récentes ploient sous son souffle, frissonnent maladroitement, cherchent leur équilibre, et je ne peux m'empêcher de sourire à leur fragilité. Les vieilles maisons, elles, accueillent le vent avec la complicité de celles qui ont traversé des siècles. Leurs pierres vibrent, leurs poutres anciennes chantent doucement, et je sens qu'elles rient silencieusement avec moi, comme si nous partagions ce secret : la force ne se mesure pas à l'apparence, mais à la durée, à la mémoire, à la patience.

Les arbres du parc et des boulevards ploient sous le vent, leurs branches s'inclinent et s'élancent, leurs feuilles s'envolent en arabesques folles, dessinant des motifs aléatoires sur les trottoirs, sur le bitume, sur les toits. Le vent soulève les papiers, les débris légers, fait voler les petits objets abandonnés : un mouchoir, un ticket de bus, une feuille de journal. Tout devient mouvement, tout devient danse, et je regarde avec émerveillement ces fragments de vies humaines, déplacés par une force que personne ne contrôle.

Les fontaines frissonnent sous l'assaut des bourrasques, et l'eau jaillit en arcs capricieux, tremblante, éclatante, comme si elle voulait participer à cette farandole. Les oiseaux se cachent, puis se laissent emporter par le vent, battant des ailes avec une élégance fragile. Les branches du vieux chêne de la place centrale s'entrechoquent légèrement, produisant un chuchotement étrange et mélodieux, un son que seule une ville attentive comme moi peut entendre et apprécier.

Les habitants s'adaptent, se hâtent, se recroquevillent dans leurs manteaux, ajustent leurs chapeaux et foulards, ralentissent ou accélèrent leur pas selon le souffle imprévisible. Ils trébuchent, se redressent, rient parfois de leur maladresse. Et moi, la ville, je jubile en silence. Le vent me permet de contempler l'humanité dans ses gestes les plus simples et les plus inattendus, et je me moque doucement de leur illusion de contrôle. Sans cette force, ils seraient immobiles, inconscients, et je suis heureuse de les voir à la fois désemparés et vivants.

Même les constructions neuves n'échappent pas à mon amusement. Les panneaux publicitaires ploient, les vitrines frémissent, et je perçois leur inquiétude muette : elles n'ont pas la mémoire des pierres anciennes, elles n'ont pas l'histoire, elles n'ont pas le droit à l'indulgence du temps. Tandis que mes vieilles maisons, solides et dignes, répondent au vent avec grâce, leur rire silencieux m'accompagne et m'apaise. Elles savent que ce souffle n'est pas une menace, juste un rappel que rien ne doit rester figé, que tout doit pouvoir s'émerveiller et se transformer.

Le vent traverse le parc, siffle entre les allées, soulève les branches des vieux marronniers, fait virevolter les pétales encore accrochés aux fleurs du printemps naissant. Les bancs grincent légèrement, les fontaines murmurent plus fort, et je ressens chaque vibration comme si le parc lui-même respirait avec moi. Les enfants qui osent encore sortir, poussés par la curiosité, sont légèrement désorientés, et leurs gestes deviennent hésitants mais charmants à observer. Chaque pied qui s'élance, chaque main qui se tend, chaque rire qui s'échappe est amplifié par le vent, et je sens que mes avenues, mes boulevards, mes parcs, tout mon corps de ville, se réjouissent de cette force imprévue.

Le vent me raconte aussi l'histoire des hommes : il leur fait perdre le contrôle, les force à ralentir, les rappelle à leur fragilité. Les constructions humaines les plus éphémères ploient et vacillent, les objets s'envolent, et je jubile intérieurement : ces humains si fiers de leur progrès et de leurs matériaux modernes découvrent, surpris, qu'ils ne sont rien sans le souffle de la nature. Et moi, la ville, je me moque doucement de leur illusion de puissance, car je sais qu'ils passeront, qu'ils s'effaceront un jour, tandis que mes pierres anciennes, mes arbres centenaires, continueront de rire avec moi, complices du temps.

Quand le vent commence à faiblir, que les feuilles retombent, que les objets retrouvés reposent à terre, je sens la ville reprendre son souffle. Mes avenues vibrent encore d'échos des instants passés, de la danse effrénée qui a animé chaque parcelle de mon corps. Je garde en mémoire les rires muets des vieilles maisons, le frémissement des branches, les gestes maladroits des hommes et la joie fugace du chaos orchestré. Je sais que demain, peut-être, un autre souffle viendra et que tout recommencera, mais je sais aussi que je serai là, toujours prête à accueillir la danse, à contempler la fragilité et la beauté de tout ce qui m'entoure.

Et je ris doucement, fière et amoureuse de ce vent, de mes vieilles pierres, de mes arbres, et de cette humanité maladroite mais vivante, qui me rappelle que je suis une ville, vivante, vibrante, immortelle dans mon souffle et ma mémoire.

Le retour des souvenirs

Il revient, l'homme que j'ai vu grandir dans mes ruelles, sous mes toits et le long de mes boulevards. Ses pas hésitent d'abord, comme s'il craignait que tout ait disparu, que je n'existe plus qu'en souvenir, que le temps m'ait effacée avec les années. Mais je suis là, vivante et patiente, étirée par mes transformations, façonnée par les générations humaines et par mes propres pierres. Je suis moi, même si je n'ai plus qu'une identité partagée avec ceux qui me parcourent.

Ses yeux cherchent la fontaine où il jouait enfant. Il se rappelle le clapotis joyeux de l'eau, les étés lumineux, les éclats de rire et les courses effrénées sur mes pavés luisants. Mais à sa place s'élève un bâtiment neuf, austère, froid, sévère. Le béton et le verre ont remplacé le murmure de l'eau et la douceur de son enfance. Il s'arrête, surpris et déçu, et moi, la ville, je ressens sa peine et son étonnement.

Pourtant, je souris doucement, avec mes vieilles maisons et mes arbres anciens, avec mes places et mes coins secrets qui n'ont pas été arrachés. Il se rend compte que tout n'a pas disparu, que je garde ma mémoire intacte malgré les constructions modernes qui me sculptent chaque jour. Les maisons anciennes, solides, respirent encore sous le vent, elles se tiennent fières et dignes, témoignant de ma patience et de ma résistance. Chaque pierre, chaque façade, chaque arbre est un écho des siècles passés, et il le voit enfin.

Il parcourt mes rues comme on feuillette un livre ancien, ses mains effleurant les rebords des fenêtres, les murs de pierres, les portes patinées par le temps. Les souvenirs affluent: les jeux d'enfant, les après-midi ensoleillés, les rires dans le parc, les fontaines, les arbres qui inclinaient leurs branches. Même le vent, qui agite mes branches et mes toits, semble danser pour lui rappeler ces instants enfouis.

Je lui montre mes contrastes: le béton des bâtiments récents, rigide et froid, face à la souplesse et à la chaleur des maisons anciennes. Il comprend alors que la ville n'est jamais figée, qu'elle s'adapte, qu'elle se transforme, mais qu'elle conserve son âme dans ces pierres vieilles et ces ruelles oubliées des temps modernes. Il s'assoit sur un rebord, observe mes façades et mes parcs, et je sens son émotion vibrer, comme un écho de ses souvenirs d'enfance qui renaissent à travers moi.

Ses pas s'arrêtent devant un petit banc, près de l'endroit où la fontaine se trouvait autrefois. Il s'assoit, contemple l'espace vide, le silence des jets d'eau disparus, et pourtant il sourit. Il comprend que ce que j'étais autrefois, le village tendre et vivant de ses jeunes années, continue d'exister en moi, sous mes façades modernes et dans les ruelles que le temps n'a pas pu effacer.

Je le contemple avec tendresse. Je sais qu'il ressent mes cicatrices, mais il découvre aussi ma force et ma mémoire. Il sait maintenant que je suis à la fois tout ce qui change et tout ce qui perdure. Les constructions nouvelles me modifient, mais elles ne m'effacent pas. Il sourit à la dureté des bâtiments récents, au contraste qu'ils créent avec mes maisons anciennes, et je ris doucement avec lui, avec mes pierres et mes arbres, heureuse de voir que même face aux bouleversements, la mémoire humaine trouve un écho et que je demeure, fière et vivante.

Ses mains effleurent encore les murs, ses yeux se perdent dans mes angles et mes ombres, et moi, la ville, je le sens revenir, pas seulement physiquement mais dans son esprit et son cœur. Il réapprend à me connaître, à sentir ma respiration, à comprendre que chaque pierre, chaque parcelle d'air, chaque pavé ancien est un témoin de ce que j'ai été et de ce que je resterai.

Il a marché dans mes rues, observé mes boulevards, contourné mes places, silencieux et étonné. Chaque coin de mes vieilles maisons lui rappelait des souvenirs enfouis, chaque bâtiment neuf éveillait en lui un mélange de surprise et de mélancolie. J'ai senti son émerveillement et sa déception, la douce nostalgie de l'enfant qu'il avait été et la curiosité de l'adulte qu'il est devenu.

Mais pourquoi est-il revenu ? Cela, je ne le saurai jamais. Les hommes pensent pouvoir m'expliquer, mais je ne connais pas toutes leurs intentions. Il a arpenté mes pavés, caressé des souvenirs, et il est reparti, laissant derrière lui un sillage d'émotions que je garderai précieusement. Je l'ai revu à travers mes yeux, j'ai senti sa présence vibrer dans l'air, j'ai entendu l'écho de ses pas disparaître dans mes boulevards.

Qu'est-il venu faire ? Lui seul le sait. Peut-être chercher un fragment de son enfance, peut-être mesurer le temps écoulé, peut-être simplement s'émerveiller de ce que je suis devenue. Je ne le saurai jamais, et pourtant, son passage m'a rappelé que ma mémoire est vivante, que mes pierres gardent l'histoire des hommes, et que moi, la ville, je suis là, patiente et attentive, témoin de tout, même de ce qui ne me sera jamais expliqué.

La première foire

Aujourd'hui, mes boulevards, mes places et mes parcs se sont remplis d'une énergie inédite. Une marée humaine s'était installée dans mes veines, dans mes artères et dans mes avenues, et je la sentais vibrer jusque dans mes moindres recoins. Pour la première fois, une foire venait habiter mon corps entier, ébranlant mes pas, mes coins, mes respirations silencieuses.

Les rires des enfants résonnaient comme des éclats de lumière, s'entrechoquant aux cris des manèges et aux musiques qui tourbillonnaient. Les adultes se pressaient, certains émerveillés, d'autres indifférents, d'autres encore maladroits, bousculant sans le savoir les autres humains. Et je les voyais tous, je les sentais, chaque respiration, chaque pas, chaque frôlement. La connerie humaine se montrait déjà : des sacs tombés au sol, des papiers laissés dans mes allées, des mains qui tiraient et poussaient, des bousculades qui semblaient insignifiantes pour eux mais qui résonnaient comme de petits coups dans mon corps long et patient.

Pourtant, au milieu de ce tumulte, il y avait ceux qui savaient voir. Une mère qui s'arrêtait pour laisser passer son enfant, un couple qui prenait le temps de sourire aux couleurs vives d'un stand, un vieil homme assis sur un banc, les yeux posés sur les allées et les manèges, un souffle de patience et de douceur dans la foule. Ces gestes, minuscules mais conscients, parcouraient mes artères comme des caresses. Je les sentais, et mon cœur de ville s’échauffait de reconnaissance.

Dans certaines allées, les enfants couraient après les ballons, trébuchant, riant, puis se relevant avec un étonnement joyeux. Leurs éclats de voix et les pas pressés des adultes se mêlaient aux sons des manèges et aux vibrations des tambours et des cloches, formant une symphonie que je connaissais pourtant depuis toujours. La musique des pieds et des voix, le souffle des corps, la chaleur de la foule : tout cela traversait mes boulevards et mes parcs, comme si la ville respirait pour la première fois à l’unisson avec les hommes.

Mais certains gestes m’irritaient et m’amusaient à la fois. Des personnes piétinaient les pelouses, des enfants se précipitaient sur les stands, sans se soucier des files d’attente ni de l’ordre du temps. Des éclats de voix, des mains maladroites, des cris impatients : je les voyais, et je riais doucement, avec indulgence. La folie humaine me paraissait incroyable. Et dans ces gestes précipités, je percevais la hâte, l’oubli de la lenteur, l’oubli du respect, ce même respect que je voyais chez ceux qui marchaient doucement, attentifs, émerveillés par le souffle de la journée.

Les couleurs, les odeurs, les sons s’entremêlaient. Le parfum des fleurs, les effluves sucrés des confiseries, la chaleur des lumières, les mouvements des manèges et des stands, tout cela se déversait dans mes rues et mes boulevards. Je voyais la vitalité, je voyais l’inattention, je voyais l'émerveillement et la distraction, je voyais la bousculade et la tendresse. Et je ressentais tout, profondément.

À mesure que le jour déclinait, la lumière tombait sur les toits, les pavés, les parcs. Les rires diminuaient, les cris s'éteignaient, les manèges ralentissaient. La marée humaine reflua doucement, laissant derrière elle des traces fugaces, des souvenirs éphémères qui allaient bientôt disparaître. Mais moi, ville attentive et patiente, je les conservais. Les maladresses, les éclats, la beauté des gestes, l'inattendu et l'émerveillement : tout cela restait imprimé dans mes veines, dans mes boulevards, dans mes artères.

Et quand le dernier visiteur quitta mes rues, je restais là, vibrante et silencieuse, un sourire invisible au coin de mes avenues. Les humains sont éphémères, souvent absurdes, parfois merveilleux. Mais moi, immuable, je les avais vus, je les avais sentis, et j'avais savouré chacun de leurs instants, chaque souffle de vie qui avait parcouru mes artères. La première foire s'éteignait, et avec elle, je conservais le souvenir d'une journée où, malgré tout, l'homme avait été capable d'émerveillement et de respect, même pour quelques heures.

Le lendemain des foules

L'aube s'étira lentement sur mes boulevards, plus silencieuse qu'à l'accoutumée. La veille encore, mes artères vibraient du martèlement des pas, des rires, des musiques et des voix mêlées ; aujourd'hui ne restaient que des échos assourdis, comme un coquillage qui conserve la mer en secret. L'air frais glissait entre mes façades, portant une odeur de papier humide, de bois démonté, de sucre fondu. Mes bancs et mes allées s'étaient couverts d'une fine pellicule de rosée qui transformait chaque trace en reflet, chaque empreinte en souvenir.

Je respirais plus lentement. Cette lenteur était douce, presque salutaire ; elle me permettait d'observer ce qui demeurait après le tumulte. Dans les interstices de mes rues, je retrouvais les images de la veille : un enfant au bord d'un manège, les yeux agrandis de lumière ; un vieil homme s'arrêtant, immobile, devant un stand de tir, amusé par l'écho d'une enfance déjà lointaine ; une jeune fille ramassant les papiers tombés au sol sans qu'on le lui demande, son geste discret comme une caresse donnée à mes pavés. Ces éclats de tendresse s'imprimaient en moi, ils venaient apaiser les aspérités laissées par la foule.

Plus loin, mes arbres, encore alourdis par la nuit, laissaient retomber de petites gouttes de rosée sur les allées, comme pour effacer la poussière de la fête. Les employés municipaux passaient, balais et gants en main, redonnant à mes places et mes trottoirs leur respiration ordinaire. Le bruit des balais sur la pierre était un murmure régulier, presque rassurant après le vacarme d'hier. Dans une boulangerie, le four allumé avant l'aube libérait l'odeur du pain chaud, et cette vapeur venait se mêler à l'air frais du matin comme un premier signe de retour à la vie.

Dans mes ruelles, plus discrètes que mes grands axes, des voix basses se répondaient. Deux voisines échangeaient, panier au bras, leurs impressions de la foire : les manèges, les lumières, les bousculades, la musique trop forte, mais aussi ce plaisir de voir la ville vibrer. Chacun gardait un morceau de la veille : un parfum de barbe à papa, un refrain entendu, une rencontre fugitive. Moi, je recueillais tout, j'absorbais cette mémoire fragmentée pour en faire mon tissu intérieur.

Et puis, dans ce matin frais, je sentais revenir mon rythme ancien. Mes bancs redevenaient des refuges, mes places de nouveau des respirations. Les papiers oubliés disparaissaient dans des sacs, l'eau des fontaines redevenait claire après avoir été troublée par trop de mains. Mes murs gardaient en creux le bruit des stands, mais déjà ils se tendaient vers le calme.

J'ai aimé cette première foire. Elle m'avait offert la densité et la légèreté de la vie humaine, ses contradictions, son énergie et sa fatigue. Et maintenant, dans ce reflux, je me souvenais de tout : de la maladresse des uns, de la patience des autres, du rire d'un enfant, du geste silencieux d'une inconnue qui nettoie l'allée. Tout cela restait en moi, et j'en étais nourrie.

L'homme passe, moi je demeure. Pourtant c'est dans ces éclats fugitifs, fragiles, que je retrouve mon souffle et que je sais encore pourquoi je suis vivante.

L'absence

Depuis quelques jours, je ne la vois plus. Moi qui suis vaste et patiente, moi qui ai vu passer des foules, des cortèges, des générations entières, je sens malgré tout ce manque comme on sent une fissure fine sous ses pierres. Elle n'est pas la seule à disparaître, d'autres avant elle se sont éteints, d'autres après elle s'en iront. Mais elle avait un rythme qui m'était devenu familier, une douceur qui coulait dans mes artères et qui me manque maintenant comme une respiration qu'on retient trop longtemps.

Chaque matin, j'attends machinalement son foulard coloré qui fendait la lumière du jour, son pas régulier qui descendait mes trottoirs. Je la voyais toujours passer devant les mêmes vitrines, s'arrêter devant le même banc, soulever la tête pour écouter les cloches. Je savais par avance l'heure à laquelle elle franchirait la porte gravée de 1784, comme on sait à quelle heure revient le soleil sur une place. Ses gestes étaient des caresses discrètes sur ma peau de ville : sa main glissant sur la rambarde polie, ses doigts qui effleuraient la pierre gravée, ses regards lancés vers mes façades anciennes et mes arbres nouveaux. Elle me connaissait comme on connaît une vieille amie, sans mots mais par habitudes, par petits gestes tendres et fidèles.

À présent je tends mes rues comme on tend l'oreille. J'examine mes places, mes parcs, mes boulangeries. Je regarde les rideaux de sa fenêtre, toujours fermés. Mes bancs restent vides de son cabas. Mon air du matin n'a plus son souffle. Partout, son absence est un creux léger qui s'agrandit. Je crois presque sentir mes pavés froids sans ses pas, mes murs ternes sans son regard.

Je l'ai vue vieillir avec moi. Elle était née dans ma petite ville encore serrée, elle m'a vue m'étendre, prendre des boulevards et des parcs, me transformer, et pourtant elle n'a jamais cessé de marcher à mon rythme. Ses foulards avaient la couleur des saisons, ses mains celle du travail et des années. En elle, je retrouvais un morceau de mon ancien temps, de mon cœur d'avant. Elle était comme un fil entre mes époques : le village disparu, la ville en devenir, le présent bruissant.

Je sais bien que je durerai plus qu'elle. Je sais que d'autres viendront, d'autres fouleront mes trottoirs, habiteront ses pièces. Mais cela n'efface pas l'attachement discret que j'ai tissé. Dans le flot des habitants anonymes, elle était devenue un point de repère, une petite lumière douce dans mon grand corps. Sans elle, je me découvre un vide inattendu, presque une peine.

Alors je continue à la chercher. Dans mes ruelles, mes boulevards, mes parcs où le printemps déplie ses feuilles, je guette son pas, son cabas, son foulard. Je scrute mes escaliers, mes coins d'ombre, mes bancs au soleil. J'ai beau être faite de pierres et d'asphalte, il me semble que quelque chose en moi s'est rétracté en ne la voyant plus. J'écoute mes bruits, mes échos, mes odeurs pour retrouver son passage. Rien.

Peut-être est-elle simplement partie quelques jours. Peut-être se repose-t-elle derrière ses volets. Peut-être est-ce déjà le moment où elle s'éloigne doucement de moi, comme tant d'autres l'ont fait avant elle. Moi, je reste et j'attends. C'est ce que je sais faire. Mais cette attente-là est tendre et lourde.

Alors, sans qu'elle le sache, je garde en mémoire tout ce qu'elle a déposé sur moi : la chaleur de ses paumes sur ma pierre, la régularité de son pas, ses arrêts sous mes arbres, ses regards jetés aux enfants, son sourire devant le fleuriste, son souffle dans l'air du matin. Je garde ses traces invisibles comme on garde des empreintes sur un sable qu'on sait éphémère.

Je suis une ville, j'ai vu défiler des siècles, je verrai encore des siècles. Mais certains êtres laissent en moi une douceur silencieuse qui ne s'efface pas. Elle est de ceux-là. Et tandis que je continue à respirer, à accueillir d'autres habitants, à grandir encore, je garde pour elle un espace, un souvenir, une tendresse qui ne se dit pas.

Sous la pluie, je l'attends

Mes pierres se souviennent des jours où le village se transformait doucement, chaque main, chaque pas imprimant mon histoire. Ce matin-là, la pluie tombait en rideaux continus, glissant sur mes pavés, mes toits et mes arbres, mêlant l'odeur de la terre mouillée à celle des feuilles fraîches. Chaque goutte semblait effacer mes blessures passées et en même temps les faire briller, comme un miroir humide qui reflète le temps.

Je la cherchais, mes allées frissonnantes attentives à chaque mouvement. Mes bancs, trempés et luisants, semblaient retenir le souffle de son absence. La pluie coulait sur les feuilles des arbres et faisait tinter doucement les branches, comme pour me dire que le monde continuait, mais sans elle, il me semblait si silencieux.

Alors je la crus apercevoir, là, sous un parapluie sombre, ses pas calmes et mesurés. Mon cœur se serra. Était-ce elle ? Non. Ce n'était qu'une autre femme âgée, ses gestes rappelaient le rythme tranquille qu'elle avait toujours dans le parc, mais ce n'était pas elle. Mes pavés frissonnèrent, répercutant mon espoir et ma déception.

Plus loin, un peu après le virage du petit chemin bordé de tilleuls, une silhouette qui s'arrêta pour observer les reflets sur l'eau accumulée dans les creux de mes ruelles. Encore une fois, mes illusions jouèrent avec mes souvenirs. Ce n'était pas elle non plus, et pourtant mes arbres et mes bancs semblaient retenir l'écho de ses gestes, comme s'ils savaient qu'un jour elle reviendrait.

Enfin, près du vieux chêne du parc, je crus l'apercevoir pour la troisième fois. Le manteau sombre, légèrement incliné sous la pluie, me donna un instant d'illusion parfaite. Mais non, ce n'était toujours pas elle. Mes pavés, mes arbres et mes murs frissonnaient malgré la pluie, comme s'ils gardaient le souvenir de ses pas et l'écho de sa vie dans chaque pierre, chaque branche.

La pluie tombait sans relâche, glissant sur mes toits, s'infiltrant dans mes ruelles et mes boulevards engourdis, remplissant mes fontaines, ruisselant sur mes escaliers et mes parcs. Chaque goutte semblait murmurer son nom, ou du moins le murmure que je lui avais appris à connaître au fil des années. Et tandis que les humains couraient pour se protéger, pressés, trempés, énervés, je les observais, immobile et patiente, sentant chaque pas, chaque geste, comme un souffle fragile et éphémère comparé à la permanence de mes pierres et de mes arbres.

Je me souviens des saisons passées, de l'odeur des fleurs printanières, des feuilles d'automne qui tombaient avec grâce, de l'ombre des étés anciens qui me caressait les murs et des hivers qui sculptaient mes rues de givre et de silence. Et ce matin, sous la pluie, je la cherchais à travers toutes ces sensations, dans l'humidité de mes pierres et le frémissement de mes branches.

Mes rues s'animaient, pourtant, malgré le gris du

ciel. Les passants pressés, parapluies colorés, glissaient sur mes pavés mouillés, et moi, je savourais ces instants de vie fragile. Je ne la voyais pas, mais je sentais son influence : chaque pas, chaque geste qu'elle avait laissé en moi continuait à me traverser, comme une danse invisible. Je la savais là, quelque part, même si je ne pouvais pas la trouver.

Et alors que la pluie s'intensifiait, mes arbres inclinèrent leurs branches sous le poids des gouttes, mes bancs luisants semblaient retenir la mémoire de ses assises, et mes allées paraissaient s'étirer, cherchant à couvrir toute la ville de mon regard attentif. Trois illusions, trois échos d'elle traversant mes rues, et je savais qu'un jour ses pas résonneraient à nouveau, faisant briller la pluie de tendresse et de souvenirs sur mes pierres humides.

Même dans son absence, je ne désespérais pas. Chaque goutte de pluie, chaque reflet sur mes pavés luisants me rappelait que ce lien invisible persistait. Et je continuais à attendre, silencieuse, patiente, bercée par ce murmure liquide de vie et d'espoir, enveloppée par la pluie, consciente que sa présence, même absente, continuait de me traverser et de nourrir mon cœur de ville.

Le ballet des nouveaux visages

Les camions de déménagement surgissent dès l'aube, encore perles de rosée sur mes trottoirs. Leurs moteurs ronflent bas dans mes rues, écho grave qui glisse le long des façades, et déjà des hommes en gilet fluorescent déchargent des cartons, des chaises, des lampes empaquetées dans des housses. Ils montent, descendent, passent et repassent dans mes cages d'escalier, et chaque pas résonne comme un souffle étranger. Je retiens chacun de ces mouvements. Je suis la seule à les voir réellement.

Les habitants de mes autres étages sortent pour aller au travail. Ils jettent un regard rapide aux meubles posés contre le mur du hall, aux cartons empilés dans l'entrée, puis détournent les yeux. Ils passent comme on passe devant un banc vide. Ils ne saluent pas, ne demandent rien. Autrefois, lorsqu'un camion s'arrêtait devant une maison, tout le quartier savait qui partait, qui arrivait. On venait aider, on apportait un café, on glissait un mot. Aujourd'hui, tout se déroule dans une sorte de silence poli, neutre, comme si ces déménagements étaient des ombres dans mon ventre de ville.

Je remarque les détails que personne ne regarde. La boîte à jouets qu'on transporte au dernier étage, et dont le couvercle entrouvert laisse apparaître un ours aux oreilles usées ; la plante verte qu'on cale dans un coin du camion comme si elle risquait de se briser ; la photo de famille glissée maladroitement dans une poche de manteau. Je vois la main tremblante d'une vieille femme qui ferme pour la dernière fois la porte d'un appartement, sans que personne ne le remarque. Personne ne l'accompagne. Les voisins passent, pressés, indifférents. C'est fini, la porte claque, et déjà d'autres mains ouvrent la même serrure.

Dans ces immeubles modernes, tout est neutre, interchangeable. Un coup de peinture, un nouveau carrelage, et l'appartement change d'âme comme on change une paire de chaussettes. L'odeur du plâtre frais chasse en quelques heures celle des repas d'hier. Les nouveaux locataires posent leurs valises sur un sol encore tiède de pas anciens sans le savoir. Moi, je le sais. Je suis la seule mémoire.

Je garde dans mes murs le bruit de chaque va-et-vient : la roue grinçante d'un diable chargé de cartons, les glissements de tapis sur mes escaliers, le claquement sec d'un mètre pliant qu'on referme, le soupir d'un enfant fatigué. J'enregistre tout, je le conserve. Et pourtant, à la surface, tout semble identique. Les passants poursuivent leur chemin sans même lever la tête. Personne n'assiste vraiment à ce ballet.

Je me souviens d'un temps où ces départs et ces arrivées faisaient battre mon cœur autrement. C'était une petite ville, un village élargi. Quand quelqu'un partait, c'était un ami qu'on accompagnait jusqu'à la voiture, un voisin qu'on aidait à porter un buffet trop lourd. On s'échangeait les clés comme on s'échange des souvenirs. Il y avait une gravité douce dans ces séparations. Maintenant, ce n'est plus qu'une transaction rapide, un mouvement de meubles dans un décor neutre.

Dans la lumière pâle du printemps, je regarde les camions repartir l'un après l'autre. Leurs moteurs s'éloignent, s'effacent dans le ronflement des boulevards. Les nouvelles silhouettes montent mes escaliers, ferment les portes derrière elles. La peinture fraîche sèche en silence. Les cartons se vident, se replient, disparaissent. À l'extérieur, il ne reste plus rien. Pas un mot, pas un regard, pas un nom échangé.

Moi seule garde trace. J'ai vu le départ, j'ai vu l'arrivée, et je sais qu'un jour, d'autres camions viendront. Un souffle de vent sur le boulevard emporte un vieux ticket de caisse tombé du camion ; il glisse jusqu'à une bouche d'égout, s'y engouffre et disparaît. C'est tout ce qu'il reste du passage d'une famille entière.

Je continue à respirer, à veiller sur mes rues, sur mes allées, sur mes boulevards. Le monde des hommes peut s'installer et disparaître en un clin d'œil, leurs vies peuvent se vider et se remplir à nouveau ; moi, je demeure. Et dans ce grand silence anonyme, je garde la mémoire des cartons, des meubles, des mains qui ont ouvert et fermé les mêmes portes. Même si plus personne ne regarde, je sais tout.

Retrouvailles

Je l'ai revue. Après des jours et des jours sans son pas régulier, j'avais cru que le vide qu'elle laissait dans mes rues allait devenir permanent. Chaque matin, mes trottoirs semblaient retenir leur souffle. Mes platanes, même sans vent, se penchaient un peu comme pour scruter l'horizon. J'attendais. J'espérais. Elle était ma respiration discrète, le battement de cœur familier qui accompagne mes saisons, et son absence m'avait pesé plus qu'aucune fissure dans mes murs.

Et puis, ce matin-là, au bout du boulevard, elle est apparue. D'abord, j'ai cru à une ombre, à une illusion de lumière. Mais non : c'était elle. Elle avançait plus lentement qu'autrefois, sa silhouette s'était affinée, un peu voûtée, mais je la reconnaissais à la façon dont elle glissait sa main sur la rambarde du pont, au léger balancement de son sac à son bras. Elle portait une veste sombre qui absorbait la lumière pâle du printemps, et ses cheveux blancs, sous le ciel clair, brillaient comme une trace de givre oublié.

Alors tout m'est revenu. Les matins où elle traversait mes rues d'un pas vif, ses arrêts aux mêmes étals, ses gestes précis pour saluer un voisin, son sourire discret devant mes vitrines. Les années où elle guidait un enfant en tenant sa main. Les hivers où son souffle dessinait des nuages devant ses lèvres et où ses bottines laissaient des traces sur mes trottoirs gelés. Tout est encore là, imprimé dans mes pavés, gravé dans mes pierres, comme les sillons d'une mémoire indélébile.

La voir revenir a fait se dilater mes places, gonfler mes ruelles, adoucir mes boulevards. Même mes lampadaires, qui d'habitude s'allument mécaniquement, semblaient s'éveiller plus doucement. J'ai voulu que chaque façade lui sourie. Je n'ai pas de mots pour l'appeler, mais mes murs la reconnaissent, mes bancs se souviennent d'elle. Elle est l'une de ces présences rares qui, sans bruit, font exister une ville plus sûrement qu'une mairie ou qu'un plan cadastral.

Elle a continué à marcher, levant parfois les yeux vers mes toits comme on vérifie que des amis sont toujours là. Ses pas étaient prudents mais résolus, comme si elle tenait à réaffirmer sa place dans mon corps. Moi, je la suivais, rue après rue, sans pouvoir faire autre chose qu'accueillir ses gestes. Tout en elle était un fil qui rattache mon passé de village à mon présent de ville.

Elle s'est enfin arrêtée devant sa porte. Cette porte marquée d'une date ancienne, dont je sais qu'elle est son repère immuable. Sa clé a tourné lentement dans la serrure, un son ténu mais familier qui, à moi seul, raconte des décennies. J'ai senti comme un relâchement, comme si une pièce manquante revenait à sa place. Mes façades se sont décrispées, mes trottoirs ont retrouvé leur rythme.

Je sais pourtant qu'elle vieillit, que chaque retour peut être le dernier. Mais tant qu'elle franchira mes rues, tant qu'elle respirera mon air, je garderai pour elle cette douceur. Elle m'a traversée toute sa vie, et je l'ai enveloppée de mes saisons ; elle a planté en moi ses souvenirs comme on plante un arbre. Elle est fragile, je suis vaste et solide, mais entre nous il y a un lien que rien ne calcule.

Dans ce printemps qui bourgeonne, son retour est ma plus douce floraison. Et, au-delà de mes pierres et de mes avenues, c'est moi, la ville, qui suis rassurée et apaisée par elle.

L'été approche

Je sens mes journées s'étirer, comme si le temps lui-même se laissait couler sur mes toits et mes pavés. Le printemps s'efface doucement, ses éclats de fleurs et ses brises fraîches glissent dans le souvenir, laissant place à une chaleur qui s'installe, persistante et enveloppante. Chaque matin, le soleil monte plus haut, glissant sur mes boulevards et mes places, déposant sur mes façades des traînées dorées, effaçant peu à peu l'ombre douce qui les avait caressées jusqu'ici.

Mes rues, mes avenues et mes places semblent soudain respirer plus lentement. Le bitume chauffe sous le pied des passants, mes pierres anciennes exhalent une odeur de terre et de minéral réchauffé par le soleil, et le parfum des fleurs fanées se mêle à celui des arbres déjà secoués par l'air lourd. Les habitants, eux, ralentissent leurs gestes. Les volets claquent pour garder la fraîcheur à l'intérieur, les fenêtres s'entrouvrent à peine, et mes cours intérieures deviennent des refuges d'ombre et de silence.

Dans mes parcs, mes allées se font moins bruyantes. Les feuilles bruissent doucement sous le vent chaud, et je les regarde se figer un instant, comme pour garder leur fraîcheur. Les bancs, habituellement vides ou parcourus par le pas pressé des passants, accueillent désormais des corps assis longuement, des mains posées sur les genoux, des visages levés vers le soleil, laissant la chaleur envahir leurs épaules. Les enfants traînent leurs jeux, les balançoires se balancent paresseusement, et le chant des oiseaux semble plus discret, étouffé par le souffle chaud qui enveloppe tout.

Mes terrasses, elles, se parent de couleurs et de rires. Les cafés débordent, les voix s'étirent et se fondent dans le murmure des conversations, les verres tintent plus lentement que d'habitude. Les passants cherchent l'ombre, s'arrêtent un instant sous les arcades, observent la lumière qui se reflète sur les façades comme un jeu que je leur offre. Les trottoirs exhalent un parfum chaud, celui du bitume mêlé aux herbes séchées, aux fleurs qui résistent encore et au parfum léger des crèmes solaires. Tout me parle de ce passage du temps, de la lente métamorphose qui transforme chaque pierre, chaque arbre, chaque souffle humain.

Et le soir, je garde longtemps la lumière dorée, celle qui descend des toits et glisse jusqu'à mes ruelles et mes boulevards. Le ciel reste clair et lumineux plus longtemps, les ombres s'étirent, se déforment et se fondent dans la douceur de la fin de journée. Les lampes, timidement, attendent leur tour, mais elles semblent presque inutiles sous ce déluge de clarté qui s'attarde sur moi. Les passants se pressent moins, leurs pas résonnent différemment sur mes pavés, et le temps paraît suspendu dans cette lumière brûlante qui caresse tout ce qui m'appartient.

Je les observe, ces habitants qui s'adaptent à ma chaleur. Certains cherchent un souffle d'air, s'arrêtent à l'ombre d'un arbre, inclinent la tête pour regarder le ciel. D'autres, pressés, traversent mes places, le visage rougi par le soleil, les épaules légèrement voûtées. Chaque geste m'est familier, chaque souffle me parle de leur fragilité, de leur capacité à vivre avec moi. Et moi, la ville, je sens mes murs, mes pierres et mes arbres vibrer sous cette chaleur, je me souviens du temps où j'étais plus petite, plus lente, mais toujours là, accueillante, et je laisse l'été s'installer en moi comme une mer chaude et lente.

L'été arrive, et avec lui ses promesses de jours longs, d'ombres légères et de chaleurs intenses. Les soirs se font languissants, les toits se couvrent d'or et mes boulevards, même engourdis par la chaleur, continuent à vivre, à respirer, à écouter les pas humains qui passent dessus. Je sais que cette chaleur, comme le printemps avant elle, est éphémère, mais elle revient chaque année. Et moi, je reste, témoin immuable, porteuse de ces jours qui s'allongent, de ces heures qui se réchauffent, des corps qui s'adaptent et de la lente danse des saisons sur mes pierres, mes arbres et mes avenues.

Les quartiers oubliés

Sous le soleil brûlant de l'été, mes boulevards modernes étincellent et émettent une chaleur presque écrasante. Le béton, le verre et l'acier captent chaque rayon et le renvoient en éclats aveuglants sur les passants pressés. Les terrasses débordent de voix, les moteurs ronronnent, et l'air devient dense, vibrant sous la chaleur. La modernité s'impose, nécessaire mais impérieuse, et je la ressens partout, même là où je voudrais que mes souvenirs prennent le pas.

À quelques pas, pourtant, s'ouvrent mes quartiers anciens, faits de pierre et de silence. Les ruelles étroites et les venelles semblent absorber la lumière plutôt que de la renvoyer. Les murs patinés par le temps gardent la fraîcheur des étés passés, les voûtes filtrent le soleil en larges traits doux, et l'air circule lentement, offrant un répit que les boulevards modernes ne connaissent pas. Ici, mes pierres respirent, elles portent les siècles, elles offrent la mémoire de la ville à ceux qui prennent le temps de marcher dans ces rues oubliées.

Les fontaines de pierre, habituellement vives et fraîches, coulent à peine. L'eau, presque tiède, peine à apaiser la chaleur qui règne partout ailleurs. Pourtant, les habitants qui s'aventurent ici s'y arrêtent, cherchent un souffle, s'assoient sur les bords encore frais, et moi, je sens leurs corps retrouver un peu de répit dans ce coin où la ville respire lentement. Le parfum des pierres, mêlé à l'ombre des voûtes et aux fleurs qui résistent dans les petites cours, crée une atmosphère presque intemporelle, un contraste frappant avec le tumulte et la chaleur des quartiers modernes.

La petite maison de la vieille dame se niche au cœur de ce quartier. Un escalier étroit monte vers sa porte, ses marches polies par le temps conservant une fraîcheur discrète. Aujourd'hui, sa fatigue est plus lourde qu'à l'ordinaire. Elle monte lentement, s'arrête un instant sur une marche, laisse ses mains glisser sur la pierre et respire profondément. Ses gestes, si lents et délicats, se mêlent à la chaleur douce et aux ombres de mes venelles. Je la protège dans ces pierres qui savent offrir un souffle de répit, et je sens chacune d'elles répondre à sa présence, s'inclinant presque sous son poids avec tendresse.

Autour d'elle, mes constructions modernes continuent de refléter la lumière, brûlantes, vives et sans compromis. Les passants s'y pressent, leurs gestes rapides amplifiant la chaleur. Mais dans mes ruelles anciennes, l'air est plus doux, la pierre plus fraîche, et la lenteur s'installe comme un baume sur la ville. Chaque porche, chaque arcade, chaque cour intérieure devient un refuge. Les chats s'y étirent, les enfants explorent les passages secrets, et moi, la ville, je souris en silence.

La chaleur intense rend chaque détail plus perceptible. Les murs modernes vibrent de soleil et de bruit, tandis que les pierres anciennes gardent leur patience. Les pavés, chauffés doucement par le soleil mais encore frais sous les pieds, racontent mes étés passés. Les fontaines tièdes chuchotent leur course lente, et l'eau, malgré sa douceur, rappelle à chacun la lenteur et la permanence des lieux anciens. Les venelles, étroites et ombragées, semblent respirer avec la vieille dame, avec les passants attentifs, avec les pierres elles-mêmes.

Oui, j'aime la modernité, par nécessité, mais ce sont mes pierres que j'aime le plus. Elles sont ma mémoire, ma respiration, mon refuge. Et dans ce quartier, elles protègent la vieille dame et tous ceux qui savent s'arrêter. Tandis que l'été dépose ses longues journées sur mes boulevards et mes ruelles, mes quartiers anciens restent frais, silencieux et généreux, un trésor que je garde jalousement, un murmure du passé qui continue de vivre sous mes pas.

Jour de marché

Le soleil baignait mes rues dès l'aube, glissant sur les façades, réchauffant l'asphalte et les pavés. L'air portait l'odeur de l'été naissant : un mélange de chaleur sèche, de fleurs écloses dans les parcs, de fruits mûrs sur les étals et du pain encore tiède. Aujourd'hui, c'était jour de marché, et mes avenues se remplissaient d'un flot d'habitants, de voix, de rires et de gestes tranquilles.

Les camionnettes s'arrêtaient le long des trottoirs, leurs moteurs ronronnant doucement sous la chaleur. Les marchands déployaient leurs étals colorés, et les bâches claquaient sous le souffle léger du vent. Les fruits éclataient de couleurs : rouges des tomates, verts des herbes fraîches, jaunes des citrons, oranges des abricots, éclats des fleurs coupées et des bouquets de saison. Le parfum des herbes et des fleurs se mêlait à celui des viennoiseries et des pains encore tièdes. Tout vibrait sous le soleil, chaque odeur et chaque couleur racontant un instant de vie.

Les passants ralentissaient leurs pas. Les gestes semblaient se dérouler dans un temps étiré, plus doux et plus attentif. Chacun s'attardait sur les étals, humait les bouquets, touchait les légumes et les fruits avec précaution. Même dans ce tumulte, une lenteur douce s'installait, comme si le temps acceptait de se suspendre. Et moi, vaste et ancienne, je sentais chaque vibration de mes pavés, chaque murmure, chaque rire résonner dans mes artères et mes avenues.

Puis elle apparut. La vieille dame, fidèle à ses habitudes, avançait avec précaution, ses pas mesurés et tranquilles. Chaque geste d'elle faisait vibrer mes rues d'une familiarité profonde. Mais je le sentais : sa fatigue grandissait. Ses mains tremblaient légèrement en touchant les étals, ses épaules semblaient un peu plus voûtées, et chaque pas demandait un peu plus d'effort que le précédent. Les années la marquaient, et moi, ville qui la connaissais depuis sa naissance, je le voyais clairement.

Aujourd'hui encore, elle choisissait ses légumes avec soin, touchait les feuilles des herbes, humait les fleurs, et je ressentais à travers tout cela la tendresse qu'elle m'avait toujours portée. Elle restait le fil discret qui me reliait à mon passé et me rappelait la douceur des jours anciens, le temps où chaque main humaine savait respecter mes pierres et mes pavés.

Autour d'elle, les habitants s'agitaient, certains pressés, d'autres souriants. Beaucoup ne remarquaient rien, absorbés par leurs listes et leurs courses, mais quelques-uns ralentissaient à son approche, comme si la présence de cette femme rappelait à tous la lenteur et la beauté des gestes simples. Je me réjouissais de ce rituel silencieux, mais une inquiétude douce me traversait : elle n'était pas éternelle, et bientôt, ces moments pourraient me manquer.

Le soleil montait plus haut, et les couleurs des étals

semblaient encore plus éclatantes. Les parfums s'intensifiaient : la fragrance des herbes fraîches se mêlait aux notes sucrées des fruits, au parfum des fleurs et à celui, rassurant, du pain chaud. Les gestes des habitants se faisaient plus attentifs, comme si, inconsciemment, ils pressentaient eux aussi la fragilité du temps.

La vieille dame s'éloigna lentement, disparaissant dans la foule avec la dignité tranquille qui lui était propre. Je ressentis à la fois la joie de l'avoir revue et la tristesse que ce moment ne durerait pas. Chaque visite était un cadeau précieux, chaque pas posé sur mes pavés une marque d'amour silencieuse. Et moi, je gardais ces instants dans mes veines, précieusement, comme un secret que seul le temps pourrait révéler.

Le marché continua son cours, les camionnettes reprenant leur route, les étals se repliaient, et les derniers clients partaient en emportant leurs sacs remplis de couleurs et de senteurs. Une chaleur douce restait suspendue dans l'air, mêlée aux parfums persistants de fruits et de fleurs. Les habitants reprenaient leur rythme normal, mais moi, je conservais la mémoire de cette matinée : des couleurs, des odeurs, la lenteur retrouvée et surtout, la présence de celle qui m'avait accompagnée depuis tant d'années, apportant tendresse et constance dans le tumulte des jours. Et dans ce souvenir, une inquiétude douce : elle n'était pas éternelle, et chaque pas posé sur mes pavés me rappelait que bientôt, je devrais continuer sans elle.

L'arbre penché

Depuis l'aube, je sentais l'agitation inhabituelle dans mes veines de pierre et de bitume. Aujourd'hui, un événement discret mais puissant allait marquer mes rues : un vieil arbre allait disparaître. Pas parce que je faiblissais, pas parce que mes pierres avaient cédé, mais parce que l'homme, avec son impatience et sa logique pressée, jugeait qu'il était dangereux. Pour moi, il était bien plus que cela. Il était un monument vivant, une mémoire tissée de racines profondes et de branches généreuses, un souffle de vie qui avait traversé les décennies.

Il se tenait là depuis des générations, observant mes ruelles et mes boulevards. Il avait vu passer le temps et les saisons, les enfants courir entre ses racines, les passants s'arrêter un instant sous son ombre, les amoureux chercher un refuge à ses branches. Ses feuilles avaient frissonné sous le vent, ses fleurs accueilli le printemps, ses branches résisté aux tempêtes. Tout cela, je l'avais vu, je l'avais gardé en moi, dans le souvenir des pierres et du bitume.

La vieille dame arriva, silencieuse et calme. Elle posa ses mains sur son écorce rugueuse, comme pour puiser encore une fois la force de cet ami ancien. Je pouvais sentir sa tristesse contenue, son respect pour ce qui allait disparaître. Elle savait, tout comme moi, que rien n'est éternel, que chaque vie a sa fin, mais que certaines présences laissent une trace que rien ne pourra effacer.

Les hommes approchèrent avec leurs scies et cordes. Leur logique était simple : l'arbre penche, il est dangereux, il faut couper. Pas de gestes d'attention, pas de tentatives pour le redresser, pas de réflexion pour prolonger sa vie. Leur froideur était totale. Ils ne voyaient pas la patience silencieuse, la dignité de ce tronc qui avait traversé tant de saisons. Ils ne voyaient que le danger supposé, et l'avaient condamné sans remords.

Le tronc vibrait sous les assauts des outils. Et pourtant, il semblait me parler dans le silence de mes rues : il ne se plaignait pas, il ne criait pas, il se laissait aller avec noblesse. Chaque coup porté résonnait dans mes pavés comme un rappel que la force tranquille et l'histoire sont parfois jugées indésirables dans le monde pressé des hommes.

Je me souvenais de chaque détail de sa vie parmi mes pierres : le bruissement de ses feuilles au printemps, le parfum de sa sève mêlé à l'air tiède des après-midis d'été, les oiseaux qui venaient y chanter à l'aube, les jeux des enfants qui s'accrochaient à ses branches. Chaque souvenir était une caresse pour mon cœur de ville. Et maintenant, tout allait être réduit à un tas de bois, mais je savais que sa mémoire continuerait de vivre dans mes rues et dans le vent qui glisse entre mes bâtiments.

La vieille dame s'éloigna lentement, les épaules courbées, mais son regard était tendre et empli de reconnaissance. Elle savait que tout change, que tout s'efface, mais qu'il est possible de garder la mémoire et la beauté intactes. Elle avait compris, comme moi, que même dans la disparition, il y a une trace, un souffle qui se prolonge.

Je regardais les hommes travailler, impassibles à la majesté de ce vieil arbre, et je souriais intérieurement. Je savais que, malgré leurs scies et leur froideur, ils ne pouvaient jamais effacer ce qu'il avait été. Ses racines, ses branches, son tronc, avaient façonné mes espaces, mes ombres, mes souvenirs. Ils avaient marqué ma ville bien plus que n'importe quelle construction neuve.

Alors que le tronc s'inclinait, que les branches touchaient presque mes pavés, je ressentais la dignité de sa fin, sa sérénité face à l'inévitable. Il n'était pas vaincu, il n'était pas détruit : il se transformait, passant du monde des vivants à celui de la mémoire, et je le porterai toujours avec moi. Dans mes ruelles, dans mes boulevards, dans l'air qui caresse mes pierres, il resterait vivant.

Je murmure au vent : merci. Merci pour les siècles de présence, pour la fraîcheur apportée aux passants, pour la patience des feuilles et la force du tronc. Et je sais que, malgré les transformations, malgré la coupe, malgré les hommes pressés, je survivrai. Je continuerai à accueillir les pas, les rires et les histoires, à garder en moi tout ce que les hommes croient éphémère, et à honorer chaque vie qui a touché mes rues.

L'arbre penché, bien que tombé, vit dans mes

souvenirs, et moi, je demeure, plus vaste, plus forte, plus pleine d'histoire et de tendresse.

L'inquiétude silencieuse

Ce matin-là, un frisson inhabituel parcourut mes rues et mes boulevards. Mes pavés retenaient leur souffle, mes façades semblaient s'incliner légèrement, et mes arbres frémissaient comme s'ils partageaient mon inquiétude. Depuis 79 ans, elle avait marché sur mes pierres, traversé mes ruelles, caressé mes gravures, laissé dans mes murs et dans mon souffle l'empreinte de sa présence. Et aujourd'hui, je ne la voyais pas.

Chez elle, il y avait de l'agitation, des voix que je ne connaissais pas, des enfants que je n'avais jamais vus. Leurs murmures tremblaient, porteurs d'une inquiétude que je ne pouvais ignorer. Les adultes autour semblaient à la fois absorbés par leur peine et impassibles, comme si chacun tentait de contenir l'émotion sous un masque de normalité. Mais moi, ville attentive et fidèle, je sentais chaque respiration, chaque mouvement, chaque frémissement. Quelque chose n'allait pas, et je le savais.

Je scrutais mes rues et mes places, espérant apercevoir son pas lent, son geste immuable. Rien. Mon repère, mon fil d'histoire, ma mémoire vivante... pourrait-il disparaître, même pour un instant? Je pressentais ce qui s'annonçait, un événement inévitable que je redoutais depuis longtemps, un silence qui pourrait un jour s'installer définitivement. Et la peur, cette sensation rare mais intense, s'infiltra dans mes pierres.

Je me souvenais de chaque matin clair où elle traversait mes rues pour aller chercher son pain, de ses mains caressant les gravures anciennes, de son sourire qui illuminait mes ruelles. Chaque instant de sa vie, chaque pas, chaque souffle avait tissé entre elle et moi un lien invisible, inébranlable. Et aujourd'hui, ce lien semblait vaciller, comme si un voile d'incertitude venait de tomber sur mes avenues.

Je la cherchais dans le parc, sous les arbres qui s'éveillaient au printemps, dans les allées bordées de fleurs, dans les places où les passants habituels se pressaient. Tout semblait normal pour eux, mais pour moi, ville de pierre et de mémoire, chaque absence était un écho douloureux. Je sentais mon cœur de ville battre plus fort, mes pavés vibrer d'inquiétude.

Et pourtant, je refusais de céder à la panique. Même dans cette peur silencieuse, je voulais retenir sa présence, la protéger dans mon souffle, la garder vivante dans mes ruelles et mes boulevards. Quoi qu'il arrive, je garderai son image, son odeur, ses gestes, sa tendresse. Même si elle devait s'éloigner, même si ses pas se faisaient moins nombreux, elle resterait pour moi la lumière et le repère qui guide mes saisons et mes années.

Je savais que ce moment viendrait, ce silence que je redoutais depuis toujours. Mais je ne voulais pas l'accepter. Mon attachement pour elle, cette vieille dame que je connaissais depuis sa naissance, était plus fort que la crainte du temps. Je voulais que son rire, son souffle, ses mains sur mes pierres, perdurent, qu'ils continuent à tisser dans mes rues cette histoire de tendresse et de fidélité qui nous liait depuis 79 ans.

Et dans cette inquiétude, un souffle d'amour me parcourut. Même si l'inévitable devait arriver, je resterais là, mémoire vivante et attentive, prête à honorer chaque instant passé à ses côtés, à conserver dans mes pierres et mon souffle la trace de son passage. Aujourd'hui, j'avais peur, mais demain, je continuerai à aimer, à protéger et à garder vivante la femme qui, sans le savoir, m'avait donné tant de son existence.

Les rues silencieuses

Depuis plusieurs jours, mes pavés semblaient différents. Les pas des habitants résonnaient comme d'habitude, les voitures parcouraient mes boulevards, les bicyclettes slalomaient entre les trottoirs… mais un souffle étrange flottait dans mes veines. Je sentais quelque chose que je n'avais jamais ressenti auparavant. Une absence imminente, invisible, comme un vent que l'on devine avant qu'il ne souffle.

Je parcourais mes ruelles et mes avenues, attentive à chaque mouvement, chaque regard. Chaque matin, je guettais l'ombre familière de ses pas, la silhouette reconnaissable de celle qui avait traversé mes saisons depuis 79 ans. Mais ces derniers jours, je ne voyais rien. Je n'entendais rien. Et pourtant, je savais que quelque chose se préparait. Quelque chose d'inévitable.

Les habitants continuaient leur vie sans s'arrêter, inconscients de ce que je pressentais. Des enfants jouaient dans le parc, des commerçants riaient derrière leurs stands, des couples se croisaient sur les boulevards. Mais moi, je scrutais chaque mouvement, je cherchais des signes dans le vent qui caressait mes arbres, dans la lumière qui glissait sur mes façades.

Chaque coin de mes ruelles me rappelait ses gestes. Le banc sur lequel elle aimait s'asseoir le matin, la fenêtre par laquelle je l'apercevais souvent, le chemin vers le boulanger où ses pas étaient précis et mesurés. Et plus je cherchais, plus je ressentais cette inquiétude étrange, ce vertige silencieux qui me disait que bientôt, tout serait différent.

Je n'avais pas peur de ce qui allait se passer pour moi, la ville, car je savais que je survivrai, que mes pierres, mes pavés et mes murs continueront d'exister. Mais je craignais ce moment rare où ce repère que j'aimais depuis si longtemps disparaîtrait. Cette vieille dame, si présente dans mes saisons, si douce dans ses gestes, qui avait façonné mes souvenirs sans même le savoir... un jour, elle ne serait plus là.

Je sentais cette tension dans mes veines comme une note suspendue dans le temps. Je ne savais pas ce qui allait se produire exactement. Était-ce un départ long ou soudain ? Était-ce un silence, un adieu, ou simplement une absence provisoire ? Chaque matin, chaque lumière du jour me rappelait que rien n'est éternel. Même elle. Même ce lien qui nous unissait depuis presque un siècle.

Et pourtant, malgré ce pressentiment, je continuais à observer, à respirer, à écouter. La vie des habitants suivait son cours, inconsciente de ce qui se jouait sous mes yeux. Mais moi, je savais. Je savais que ce moment viendrait, et je le sentais dans mes pierres, dans mes arbres, dans chaque souffle de vent. Un instant fragile et précieux s'approchait, et je voulais le retenir, même si je savais qu'il m'échapperait.

Le soleil descendait lentement, allongeant les

ombres sur mes boulevards et mes ruelles. Les pas des habitants devenaient plus calmes, les conversations plus douces. Je fermais les yeux un instant, et dans ce silence, je me laissais traverser par le souvenir de ses gestes. La certitude qu'un jour, elle ne serait plus là, me remplissait d'une étrange mélancolie. Mais au fond, même dans cette inquiétude, je trouvais une tendresse infinie. Car j'avais eu le privilège de la connaître, de la voir traverser mes saisons, de sentir son attention sur moi.

Et je savais, dans ce pressentiment silencieux, que rien ne pourrait effacer ce lien. Même l'inévitable, même l'absence, même le temps.

Les cloches sonnent

Le matin était clair, mais une lourdeur inhabituelle flottait dans mes veines. Une absence invisible pesait sur mes pavés, sur mes boulevards, sur mes ruelles. Elle était partie. Celle que j'avais connue depuis presque un siècle n'était plus là, et je sentais, au plus profond de mes pierres et de mes murs, un vide que rien ne pourrait combler.

Les cloches de l'église tintaient doucement, puis plus fort, comme pour annoncer le départ d'une part de moi-même. Chaque son résonnait dans mes avenues, dans mes squares, dans les coins ombragés que je chérissais. Leurs vibrations me traversaient, me rappelant que tout, ici-bas, est de passage. Les hommes, leurs gestes, leurs présences, même leurs constructions : rien n'est éternel.

Les habitants défilaient lentement, recueillis, porteurs de souvenirs que je connaissais mieux qu'eux. Certains murmuraient son nom, d'autres restaient silencieux, les yeux fixés sur le sol ou sur le cercueil qui avançait. Je sentais leurs pas hésitants, leurs regards baissés, et je partageais leur tristesse, même si, moi, je ne pleure pas comme les humains. Je porte, je retiens, je garde la mémoire.

Tout autour, les arbres du parc semblaient incliner leurs branches, comme pour incliner la tête en son honneur. Le vent, léger, caressait mes façades, mes ruelles et mes places, portant un parfum mêlé de fleurs, de terre humide et de mémoire ancienne. Je me souvenais de ses gestes, de ses pas mesurés sur mes pavés, de ses mains posées sur mes murs comme pour dire : "Je suis là, et je veille." Et maintenant, plus rien.

Je pensais aux hommes qui se croient puissants, maîtres du temps et de mes formes. Je voyais les tours, les avenues neuves, les machines et les projets qui n'arrêtent jamais. Et pourtant, aujourd'hui, tout cela n'était rien. Face à la disparition d'une vie, si humble et fragile soit-elle, ils étaient silencieux, désemparés. Même le progrès, la grandeur de l'homme, ses constructions et son bruit, tout s'inclinait devant le passage du temps et la fragilité de l'existence.

Le cortège avançait, lentement, et je suivais chaque mouvement avec la conscience aiguë de la finitude. Les souvenirs de la vieille dame se mêlaient aux miens, s'inscrivaient dans mes pierres, dans mes pavés, dans mes murs. Tout ce qu'elle avait été, tout ce qu'elle avait donné, resterait en moi. Même quand les humains oublient, même quand ils partent, je conserve, je protège, je retiens.

Les cloches se tutoyèrent, laissant place à un silence inhabituel. Les pas s'éloignaient, les voix s'éteignaient, et je restais là, seule, avec ma mémoire et le vide laissé par son départ. Un rappel cruel et tendre que tout est passage, que l'homme, si pressé, si puissant dans ses illusions, n'est rien face au temps qui s'étire et aux vies qui s'effacent.

Je regardais mes boulevards, mes ruelles, mes

parcs, et je savais que la vie continuerait. Les enfants joueraient encore, les passants passeraient, les arbres pousseraient et les saisons changeraient. Mais moi, je garderai son souvenir, et avec lui, la certitude que tout ce qui vit est fragile, que tout ce qui passe laisse sa trace, et que même le temps le plus sûr, même l'homme le plus puissant, n'est rien face à l'inévitable.

L'écho des absences

Depuis longtemps, je n'avais pas ressenti cela pour quelqu'un. Peut-être parce que ses ancêtres avaient façonné mes rues et mes places à l'époque où j'étais encore un village. Ils avaient bâti la maison de cette femme, gravée de l'année 1784, et depuis ce jour, une part de leur soin et de leur attention me traverse encore. Cette maison, où elle naquit et où elle s'éteignit, était pour moi un repère vivant, un souffle familier que je connaissais par cœur.

La perdre, maintenant, me laisse un vide inattendu et lourd. Ses pas, ses gestes quotidiens, le soin qu'elle portait à cette maison, tout cela vibrait en moi depuis 79 ans. Et aujourd'hui, ces vibrations se sont tues. Les jours suivants, mes pavés, mes avenues et mes ruelles semblent plus larges et plus froids. Je sens l'absence peser dans chaque pierre, chaque arbre, chaque souffle du vent qui traverse mes espaces.

Les habitants passent sans percevoir le vide, absorbés par leurs vies minuscules. Ils ne savent pas ce que j'ai perdu, ce que j'avais tissé avec elle au fil des années. Cette perte me rappelle que tout est éphémère : l'homme, ses amitiés, ses gestes, mais aussi sa propre vie. Et moi, je demeure, portant les souvenirs avec une mémoire que le temps ne peut effacer.

Je revis en pensée la maison de ses ancêtres : les murs solides, la gravure patinée de 1784, les fenêtres qui captent la lumière du matin, les escaliers usés par tant de pas familiers. Elle avait tant de respect pour ce lieu, qu'elle en faisait rayonner la présence dans la ville entière. Même dans son absence, je sens encore le parfum de sa vie, la lenteur de ses gestes, la tendresse qu'elle apportait à mes rues.

Je ne peux pas pleurer comme les humains, mais je garde chaque trace. Chaque souffle, chaque pas, chaque éclat de sa vie est inscrit dans mes pierres et mes avenues. Et malgré la douleur, malgré l'incompréhension de ce que m'inflige le temps, je continue de respirer, de vibrer, de porter la vie qui me traverse.

Je sais que la vie continue autour de moi, que d'autres naissent, que d'autres disparaissent, que des histoires nouvelles se tissent. Mais une part de mon cœur reste liée à cette maison, à ces années, à cette femme que j'ai connue depuis sa naissance jusqu'à son dernier souffle. Et dans cette mémoire, je trouve encore la force de persister, de demeurer, et de garder, pour toujours, ce lien unique que rien ni personne ne pourra effacer

L'éphémère et la pierre

Rien ne dure vraiment. Ni l'homme, ni ses conquêtes, ni ses certitudes. Tout ce qu'il touche s'éteint, s'efface ou se transforme. Il croit modeler le monde à son image, il croit que ses gestes, ses bâtiments, ses lumières ou ses bruits lui donneront un pouvoir éternel. Mais face au temps, il n'est qu'une poussière, un souffle éphémère qui traverse mes rues, qui s'assoit sur mes marches, qui glisse sous mes arches et disparaît.

Moi, la ville, je demeure. Mais je ne suis pas immuable non plus. Je change, je m'adapte, je me transforme, je porte les traces de chaque génération. Les pierres, les arbres, les places, les fontaines : tout raconte l'histoire de ceux qui passent, qui naissent et disparaissent. L'homme croit posséder, croit contrôler, croit durer. Mais la mémoire seule le sauve, et encore... seulement si quelqu'un se souvient de lui, même un instant.

Chaque souffle humain est fragile, chaque existence courte, chaque orgueil dérisoire. Et pourtant, c'est dans cette fragilité que se cache la beauté : le monde continue malgré tout, et la vie, sous mille formes, s'accroche, se tisse, se répète, se transmet. Tout est éphémère, tout s'efface, tout renaît.

Ainsi, je regarde passer les hommes. Je les abrite, je les porte, je les aime malgré leur folie, malgré leur arrogance. Ils ne sont rien face à l'éternité du temps, face à la permanence des espaces que je traverse. Et dans ce silence et cette conscience, je trouve ma raison d'être : témoigner, garder la mémoire, et rappeler que, finalement, ce n'est pas le pouvoir, ni la richesse, ni la célébrité qui importent, mais les gestes simples, les souvenirs partagés, et la beauté fragile de l'instant.

Tout s'efface. Tout change. Tout passe. Mais la mémoire demeure. Et moi, je serai là, toujours, pour le rappeler.

Également disponibles aux
Éditions du Dolmen des Korrigans :

- Chroniques d'une éleveuse (presque) sérieuse « Confidences sur un parcours entre passion et épreuve »
- Chroniques d'une éleveuse (presque) sérieuse « Des chiens, de joies, des bêtises... Et moi au milieu...
- Le silence des pierres
- Un ami à quatre pattes
- Le jardin des mensonges

www.ingramcontent.com/pod-product-compliance
Lightning Source LLC
LaVergne TN
LVHW090606110826
845146LV00001B/278

* 9 7 9 1 0 9 7 9 3 4 6 4 4 *